近悦远来 心向往之

我在北京城市副中心当主播

石靖楠 ◎ 著

中国国际广播出版社

石靖楠

2017年2月24日,习近平总书记来到位于北京城市副中心的大运河森林公园考察时强调,北京城市副中心建设要高度重视绿化、美化,增强吸引力。2024年,北京城市副中心规划建设八周年。大运河森林公园月岛观景平台处水清岸绿,运河两岸绿树成荫。蓝绿交织、清新明亮的生态城市图景正在徐徐展开。图片来源:通州融媒 常鸣

夜幕之下，北京城市副中心三大文化设施灯火闪耀。这里一经开业便成为顶流打卡地，融合艺术、历史与科技，建筑风格独特，内部空间多元，为市民与游客带来沉浸式文化体验，开启城市文化生活新地标。2023年12月27日，通州融媒策划推出的"三大文化设施开馆首日直播活动——通州融媒主播带您云逛三大文化设施"就是在这里进行的。

图片来源：通州融媒　常鸣

新年伊始，通州融媒史上主播最强合体大拜年

十年记者生涯，比起镜头前的光鲜，我更珍视手中的话筒，它让你我都能发声。深入街道乡镇，探访学校、民居，让我离北京城市副中心这片土地的心跳更近

京津冀协同发展十周年。"媒体+"力量 打造副中心高品质朋友圈《副中心会客厅》京津冀协同传播暨品牌推介会，以媒体融合发展力量，赋能三地高质量发展。图左：播音指导、北京广播电视台城市广播中心京津冀之声节目监制、原北京人民广播电台《北京新闻》《新闻热线》《议政论坛》《时代杂志》播音员、主持人——白钢。图片来源：活动官方发布

在一年一度的通州融媒新春联欢会上，播音员、主持人们绝对是活宝级别的存在

2023运河文化时尚大赏直播,作为活动现场总导演的我,手里习惯握着的话筒换成了对讲机

每年汛期,防洪防汛是重点。相关部门要迅速做好应急抢险工作。作为记者,我们也要第一时间赶到新闻现场

每次雨中采访,如果只有一把伞,机器和设备绝对是我们的首要保护对象

在每一场"我为群众办实事"直播推广活动之前,我和同事都会提前去到通州区各个乡镇的田间地头、温室大棚进行踩点,详细了解农作物的种植、生长过程及口感、质量等。我总说,自己很幸运,不仅是一名新闻主播,还是一名记者,能去到新闻发生的现场,去看见、去感受

风吹麦田千层浪，又到一年麦收时。在位于北京城市副中心的漷县镇黄厂铺村，占地1360亩的麦田迎来收割季。我和摄像在这里完成了和北京广播电视台《北京您早》节目的直播连线

在位于北京城市副中心的于家务回族乡占地面积11000余平方米的京东植物工厂，经过严格的风淋系统消毒后，我进入智能连栋温室，看到一排排绿油油的蔬菜正在茁壮成长。工作人员介绍，这里的蔬菜在电脑控制温度、湿度、光照、二氧化碳浓度的环境中生长，不需要使用农药和激素，就能达到最佳生长状态

在新闻主播台前工作十三年，我想把来自北京城市副中心最美好的故事和声音传递给更多人听

在北京城市副中心建设利好政策的支持下，通州融媒有了更多和市级媒体平台深度合作的机会，业务互促，向上跨级别深度融合。图为在北京广播电视台演播室录制《副中心新闻》的画面。图右：北京广播电视台新闻节目主持人　韩凯凡

他 序

　　石靖楠的这部书稿是通州区融媒体中心副主任于亚辉转给我的,原本约好我们先见面聊聊的,待翻开书稿看了看,这已经是一部成形准备付梓的作品了,且很好看。我告诉亚辉主任,约会取消。

　　我是相信文如其人、相由心生的,我喜欢透过文字了解作者。推开窗户,一股浓烈的暖风扑面入怀。一个年轻的团队奔突在这片古老而年轻的土地上,尽情地挥洒着青春,蓬勃着活力,追逐着梦想。他们是幸运时代的幸运儿。高速发展的 AI 技术带来的世界大变局,大运河申遗成功带来的千年大发展,副中心建设把古老的通州催生为国际大都会。他们既是辛勤忠实的记录者,又是倾心倾力的参与者。

　　石靖楠书写的字里行间,饱含着对这个团队的脉脉深情。他们风雨同舟,休戚与共,舞台上的默契、情急中的救场、名利上的谦让、严寒里的扶助,乃至各执己见的坚守和声振屋瓦的争吵,都显示出了这个团队的大格局、高格调和可信任、可依赖的亲人般的骨肉情义。阅读这些场面，常常让我泪湿。透过泪眼，我又看到了一种更深的情怀。这些可爱的年轻人，大多不是通州土著，而他们对大运河、对这片土地的热爱与奉献，却是渗透到骨子里的。

我是通过新闻的门槛走上文学之路的，从大喇叭、小喇叭广播站、电台、电视台到多媒体、自媒体、融媒体，就像是从农耕时代到 AI 时代一样，变化是天翻地覆的，是划时代的。而我们却是一步一个脚印奋力前行，甘苦自知，冷暖自知。其间有猝不及防的错愕，有跨越时空的惊叹，也有手足无措的困惑与思索。我与石靖楠一样，在体验日新月异、眼花缭乱的高科技和新平台的同时，也有许多的不适应和危机感。特别是传统的纸质媒体跌下神坛，报刊和书籍的发行市场萎缩得惨不忍睹，让我们感到极大的恐慌和沮丧。但是这个年轻团队的拼搏精神和秒杀秒变的创造力给了我极大的刺激和鼓舞，他们才是时代的弄潮儿，是社会的主流，是国家和民族的中流砥柱。

传统观点认为，时效性、真实性、准确性是新闻的基本特征，尤为突出的是时效性。特别是互联网的无孔不入，多如繁星的网络平台，海量信息的铺天盖地，再加上流量掠夺者的无所不用其极，哪怕是震惊全球的爆炸性新闻，也会被一浪高过一浪的信息潮很快地淹没。如此强大的信息风暴，残暴地摧残着人们的眼球和关注力。靖楠说了一个很有意思的研究，100 年前，人类对某种事物的注意力平均为 20 分钟，现在已经降低到 9 秒了，与金鱼的注意力差不多。细思极恐，假以时日，这是要镶嵌在人类的遗传基因里的。杞人忧天，且作笑谈。

我要说的是，对于这种时效性极强的信息以及信息的获取者和传播者，石靖楠却点"时"成金，勒石为碑，著述出版，留于青史。历史是文字记录下来的，人类的文明是以文字的记载为标志的。石靖楠在通州生活工作了十三个年头了,这十三年对于人类、对于国家和民族都是非常重要的时期,而对于通州更是非凡的。这段历史是需要浓墨重彩记录下来的,石靖楠做出来了。这是一位媒体人的敏感、责任心和历史担当。

谨以为序。

王梓夫
2025 年春日　于通州

王梓夫,北京通州人,原北京人民艺术剧院创作室主任,国家一级编剧。中国作家协会会员,原北京作家协会理事。主要作品有长篇小说《异母兄弟》《梨花渡》《漕运三部曲》等。

自 序

我猜,你在翻开这本书的时候会问:这位在北京城市副中心的主播是谁呢?而很多身处北京城市副中心的观众会默默地念叨一句:哦,这不就是那位《副中心新闻》的主持人吗?

2011年6月,我从母校中国传媒大学播音主持艺术学院应届硕士毕业,结束了在中央人民广播电台的实习工作后,到通州区融媒体中心(也称"通州融媒",以前的通州区广播电视中心)应聘后留在了这里,成为台里当时录用的第一位全日制应届硕士研究生。那时候的通州,只有一条通向传媒大学的轨道交通——地铁八通线。每天清晨,我跟随着车厢的晃动声,驶向清晨还有些寂静的"通州城"。

2016年5月27日,习近平总书记主持召开中共中央政治局会议,研究部署规划建设北京城市副中心。^① 从此，城市副中心奏响建设序章。八年间，通州以"一年一个新节点，每年都有新变化"的发展速度，实现"蝶变重生"。它以前所未有的力度和规模构建起城市的"四梁八柱"，副中心站综合交通枢纽、东六环入地改造、通州堰等一批重大项目加快推进，六条通达中心城区的轨道交通建成投用。早高峰形单影只的地铁八通线成为我记忆中的老照片。

作为城市副中心官方媒体平台的通州区融媒体中心，也以北京城市副中心建设为契机，不遗余力加强全媒体传播体系建设，塑造主流舆论新格局。与北京日报社、北京广播电视台积极合作，交流互促，全力打造与城市副中心建设步伐相匹配的新型主流媒体。借助城市副中心政策优势，加大人才引进力度，以强大内生动力形成强大吸引力。目前，通州融媒播音员主持人队伍中，90% 毕业于中国传媒大学，80% 拥有硕士研究生学历。十几年间，通州融媒以稳步提升的传播力、引导力、影响力、公信力，持续赋能城市副中心高质量发展。

而我，也从最初毕业时《通州新闻》的新人主播、新闻部采访的青涩小记者，到后来《副中心新闻》全新亮相的主播团队一员、采访部责任编辑，再到现在一个部门的管理者……不知不觉间，在城市副中心建设的时代洪流里，在融媒体改革发展的浪潮中，我的血脉和这片土地深深地连在一起，向下扎根，跟随城市副中心的发展步伐一起生机勃发、拔节生长。采访中，奔波在这片土地上的汗水，滴在地上；访谈时，被无数采访对象生动面容打动流下的泪水，融入土里。于是，我的生命，也从此变得热辣滚烫。

2024 年，是北京城市副中心规划建设八周年，是京津冀协同发展十

---

① 中共中央政治局召开会议　研究部署规划建设北京城市副中心和进一步推动京津冀协同发展有关工作［EB/OL］.（2016-05-27）［2024-12-01］. https://www.gov.cn/xinwen/2016-05/27/content_5077392.htm.

周年，也是大运河申遗成功十周年。从大运河森林公园月岛观景平台的登高远眺，到城市绿心森林公园斜风细雨中亲手栽种下的棵棵树苗，在习近平总书记亲自擘画、亲自部署、亲自推动下，北京城市副中心框架全面拉开，蓝图铺陈，大运河畔一座千年之城正在焕发勃勃生机与新貌。

今年是我在北京城市副中心的第十三个年头。十三年的工作经历，我该如何向你更具体且有画面感地介绍我、介绍我们的主持人团队、介绍我们所工作的通州融媒？身处千年大计、国家大事的建设规划当中，在这样的历史节点上，带着对这片土地的浓浓眷恋和情感，我是不是应该记录下些什么呢？在信息海量、碎片化传播、各种消息快到转瞬即逝的新媒体时代，我要不要用一本实实在在书写文字、记录过往、印刷成册的实体书来和你相遇？

近悦远来，心向往之。这座美丽的千年之城，每天都在给我们以惊喜。十几年间，身处城市副中心的官方媒体平台，深度参与全媒体传播体系建设，手握话筒纸笔，立于媒体融合发展的时代潮头，从某种意义上说，我和城市副中心，一起在成长。

现在，做个自我介绍，我是城市副中心官方媒体平台，北京市通州区融媒体中心的主播——石靖楠。

所以，现在你愿不愿意翻开这本书，认识我，认识这里的主持人团队，认识一个身处新时代媒体融合发展中的北京市通州区融媒体中心？来看看，在北京城市副中心工作的主播们到底都啥样；还有，我们用报纸、广播、电视、新媒体小屏，全方位、立体式地为你勾勒出的城市副中心生机勃发的大美画卷。

2024 年 12 月

目 录

网络主播吗？不，我们是"官媒网红" | 001
还记得为什么出发吗？当然。我有十年记者工作经历 | 103
转换赛道——世界那么大，每处风景都要认真描画 | 163
近悦远来副中心，欢迎大家来光临！ | 190

参考文献 | 209

附 录 | 212
AI 新技术如何赋能广播电视内容创作　冉　帅 | 212
副中心主播与副中心同成长　刘小辉 | 220
北京城市副中心：新时代媒体融合与发展的典范　张　斌 | 224
来到通州　加入融媒体　见证副中心发展　王　超 | 227

跋 | 230

网络主播吗？不，我们是"官媒网红"

曾几何时，人们接收信息的方式发生了翻天覆地的变化。从守着电视机获取新闻，到现在人手一部手机，从小屏幕快速获取资讯。手指顺畅划过屏幕，短短几秒，就是社会百态，方寸间，就是一个世界。而同时，内容生产的主体也在悄然发生变化。最早起源于互联网领域的 UGC[①] 概念，让更多人看到用户作为新生产力，在媒体生产系统中的重要作用。用户将自己原创的内容通过互联网平台进行展示或者提供给其他用户，是人们使用互联网的新方式。

网络上，各个直播间里，很多"主播"在传递信息、发表观点、售卖货品，连线 PK。而其中，大部分的"主播"已经不是我们曾经印象里的播音员、主持人了。他们绝大多数没有接受过播音主持相关专业的培训，更别说专业的吐字发声训练了。但是，网络主播却拥有良好的粉丝黏性、

---

① UGC，全称为 User Generated Content，即用户生成内容，也指用户原创内容。

自带流量、有着强大的号召力和不断增长的网络经济规模效益……一夜之间，网红经济如洪流般倾泻而下。

"网红"经济模式 web2.0 技术和自媒体的盛行，使得"网红"在低成本、低门槛的运作下层出不穷。其传播效果不仅局限于娱乐消遣下的狂欢，还通过电商、VIP 会员、直播打赏和广告变现的方式创造经济效益。一些有较强综合能力的"网红"运营团队也通过做形象代言人、商业合作、品牌策划、话题炒作、做微商、出演网剧等方式实行变现，逐渐形成产业链趋势，"网红"经济模式由此初建。"网红"背后的生意链条，简单来说就是依靠一个"前端"吸引粉丝，维持黏度，然后背后的运营机构将流量变现。[①] 而当年在传统电台、电视媒体中风光无两的主持人的生存空间，不得不承认，变得狭小了很多。

"网红"经济是新媒体与新传播时代的新经济形态，是一种眼球经济、粉丝经济，它的产生有其必然性和合理性。但这种新业态才刚刚起步，到底是"泡沫经济"还是长远经济链，有待进一步观望。[②] 对于媒体来说，始终需担忧的是，良莠不齐的用户生产内容或许会伤害到媒体的专业性。但是，既然用户参与不可避免，那么媒体就有必要建立对 UGC 内容的判断与鉴别机制，以此为基础，建立起专业力量与业务力量的协同机制。[③]

数字化新媒体时代，那些曾经在学校接受过严格、正统学院派教育，后在官方媒体平台工作的播音员、主持人，此刻又该怎样去寻找一条未来发展之路呢？努力适应网络发展样态，尊重流量规则，以官方媒体发布平台为支撑，打造一批对社会发展具有强烈责任感、对新媒体传播作品质量

---

① 褚亚玲，强华力.新媒体传播学概论[M].北京：中国国际广播出版社，2018：131.
② 褚亚玲，强华力.新媒体传播学概论[M].北京：中国国际广播出版社，2018：131.
③ 彭兰.网络传播概论[M].5版.北京：中国人民大学出版社，2023：104.

精益求精的"官媒网红"试试呢？

一、城市副中心有个通州融媒"主播团队"

2023年8月22日19时30分，在位于北京城市副中心的国家大剧院台湖舞美艺术中心的露天剧场，一场名为"爱满京城　相约幸福——来城市副中心　赴一场浪漫之约"的七夕节主题活动浪漫上演。当通州区融媒体中心的主持人团队站在台上，缓缓唱出那首由主持人冉帅原创的七夕歌曲《浪漫之城》的时候，谁都不曾想到，当天这场直播活动，在通过"北京通州发布"视频号、官方微博，"通州发布"抖音号、快手号，融汇副中心客户端等新媒体平台进行同步直播后，吸引了超30万人在线观看，同时，历史、文旅等领域的网络大V也进行了短视频直播，总观看量超43万人次。这个数据，对于区县融媒体中心的小屏直播来说，是种惊喜，也给了连日来忙于活动策划和导演的我，一个温暖而有力的数据"拥抱"。

图1　2023年七夕节，通州区融媒体中心播音主持管理部全体主持人集体登台演唱原创歌曲《浪漫之城》。图片来源：《北京城市副中心报》　摄影：唐建

党的二十大报告指出，加强全媒体传播体系建设，塑造主流舆论新格局。对应"四全"媒体建设，主持人队伍建设也要向全媒型主持人团队塑造迈进。"爱满京城　相约幸福——来城市副中心　赴一场浪漫之约"2023年通州区"我们的节日"七夕节融媒体直播活动并不是主持人以团队化形式进行策划、导演、主持、表演等全媒体传播的首次尝试，却是一次全媒体传播团队的精彩亮相，为塑造"一专多能"主持人，打造融媒主持人团队品牌，进行了一次有益又创新的尝试。

这场浪漫的七夕直播活动开始之前，活动原定的策划——我们部门的主持人冉帅，也迎来了他人生中的顶级浪漫时刻——步入婚姻的殿堂。准备婚礼已经足够繁忙，还要旅拍婚纱照，走亲访友。眼看直播活动迫在眉睫，冉帅显然已经分身乏术了。考虑到一生一世一双人的珍贵经历，我一咬牙一跺脚，和冉帅说："算了，活动策划你先暂且交给我，踏实休你的婚假去。但前提条件是带回一个你和媳妇儿的旅拍短片，自己剪辑得唯美浪漫一点，我要在咱们七夕活动中当短片放！"冉帅半晌无语。在我猜想他一定觉得我在他休婚假期间都不肯放过他、此刻我在他心目中的"周扒皮"形象越发立体的时候，冉帅开口说："除了带个短片回来，我再创作一首自己作词作曲的歌曲吧，在咱们的直播当中可以播放。"

真是个意外的惊喜。

时间紧张，说干就干。冉帅在休婚假离京之前，把他原创的歌曲小样发给了我。趁着他休婚假外出旅行，我拿着他的歌曲小样，请融媒体中心的各位领导多方协调，找到了北京联合大学艺术学院的王辉老师团队帮忙进行编曲。在我的夺命连环催促之下，王辉老师团队用不到一周的时间，就把编好曲的小样发给了我。正好此刻，词曲作者冉帅也休假归来。歌曲小样发给主持人们，一天时间学唱，一天时间进棚录制，一天时间外出拍摄歌曲MV画面，然后用一周时间剪辑、包装。赶在七夕节前一天，这首城市副中心七夕原创主题曲《浪漫之城》的 MV 通过了中心领导的审核，在七夕节当天晚上的直播中进行了全国首发。

进棚录制这首歌曲的当天，8 月 14 日，是我的生日，距离 2023 年的七夕节直播活动仅剩一周时间。没时间想过生日的事情，我火急火燎地带着其他七位主持人进棚录制。

因为下班以后就赶到录音棚录歌，中间没有半刻休息，一边学唱，一边等待录制我的唱词部分，一边饥肠辘辘之感袭来。我在录制间隙，跑到录音工作室门口的客厅，找了块饼干充饥。当我嚼着饼干不经意间再次走进录音棚的时候，全场歌声四起，所有主持人挥舞手臂，齐声唱着："对所有的烦恼说拜拜，对所有的快乐说嗨嗨，亲爱的，亲爱的，生日快乐，每一天都精彩。"是啊，和这群活宝在一起的每一刻，怎么能不精彩

图 2　通州融媒主持人团队在录音棚内录制城市副中心七夕主题曲《浪漫之城》间隙的合影

呢？不过，那一刻，还真是有点想掉眼泪的冲动。没太多时间感动，后面还有很重的任务在等着我们。朋友们，嚼了手里的这块饼干，继续录歌吧。

打仗一样的节奏，却一点儿没影响这首歌曲的唯美效果。MV中展现的月岛观景平台、北京（通州）大运河文化旅游景区（简称"大运河文化旅游景区"）北区的三庙一塔景点、运河商务区、漕运码头等城市副中心的诸多标志性景点，随着优美动人的旋律一起缓缓流入观众脑海，展现了"千年之城"的活力、浪漫、美好形象。而更为重要的是，这次集体呈现，让更多人认识并注意到了通州区融媒体中心的主持人团队。很多同事笑称，通州融媒有个主持天团啊。

图3 我和主持人朱广帅（右一）、摄像韩强（左一）在位于北京城市副中心的大运河森林公园月岛观景平台录制城市副中心七夕主题曲《浪漫之城》MV外景部分时的合影

主题歌曲有了，直播活动要表演的节目，尤其是开场节目急需敲定。文艺表演、嘉宾访谈、京津冀三地互动等环节，每一项都要事无巨细地去敲定。人员紧张，但工作量大且涉及内容细碎。我除了要调度全场、对接演员，还肩负着和其他主持人一起上台表演主题歌曲的任务。工作千头万绪，偶尔就会有细节考虑不周。中心的主管领导在直播开始前逐一检查流程时，几乎每问到一个环节，都能发现因为我考虑不够细致周全而可能会在直播开始后出纰漏的地方。于是，挨说是免不了的。恰逢那几天我刚刚"二阳"结束，咳嗽一月有余仍不见好转，面对压力，难免上火；现场调度忙起来毫无停顿，咳嗽就更剧烈了。伴着持续不断的咳嗽声，我和同事们一起争分夺秒调整细节，力求最大限度防止直播时发生纰漏。现在回忆，那个时候的我，竟然一点儿也没有因为在直播现场挨批评而沮丧或影响情绪，只心心念念想两件事情：一个是把所有的隐患问题在直播开始前都赶紧解决掉；一个是祈祷直播开始上台唱歌的时候，一定要坚持住，可千万不能咳嗽啊。

二、《新白娘子传奇》的歌声里，有我这个"80后"对所有美好的回忆

2024年7月21日，浙江杭州举行了"新白娘子传奇30周年演唱会"，网络上掀起一片热潮。当《千年等一回》的前奏响起时，"70后""80后"的记忆被集体唤醒，好像一瞬间回到小时候温暖悠长的假期时光。大家对于美好记忆的追逐，总是相似的吧。

我常在想，如果我们策划的节目能够和一个人的成长时光产生时空交叠，一定会唤起观众心灵深处的共鸣。

2023年这场七夕节直播活动方案在最初设计时，我计划在活动中加

入时下热门的国潮元素，并邀请NPC①演绎不同经典情侣形象作为开场，展现深厚民族底蕴，深化文化认同。

作为"80后"的我，牛郎织女、许仙和白娘子、贾宝玉和林黛玉的爱情故事，藏在小时候躺床上听爸妈念的小人书里，画在用小手无数遍翻看过的连环画里，刻在电视节目暑期档循环播放的电视连续剧里。无论时代如何发展、网络直播如何热门，情怀不变，纯真的记忆永存。于是，我们大胆设想，节目开场就来一波回忆杀吧。活动经费有限，我们邀请了活动承办方之一的通州区台湖镇人民政府宣传部的工作人员扮演牛郎、织女、许仙、白娘子、贾宝玉、林黛玉等经典角色。表演不够专业也没关系，大家一遍遍地看录像、彩排，一遍遍地突破自我、解放天性。就这样，当全场"啊啊啊，西湖美景三月天哎"的唱词响起时，我知道，我们的青春又回来了。

当天的直播活动现场，还以"星空文化"为依托，搭建了高倍天文望远镜，向观众科普星宿知识。让观众抬头看星空，低头思乡愁，营造出了天上人间共庆佳节的美好氛围。活动结束后，很多观众并没有急着离开，而是跟随着天文专家手中激光笔所指的方向，一起举头望天，找寻着天空中的牛郎星、织女星。繁星点点，映衬着现场灯光闪闪，真是顶级浪漫。

别人都在外面拥抱，我们在场内"好的，收到"。七夕节就这样在紧张的工作中度过了。后来，我听说，那天活动现场，我因对现场细节考虑不周挨说时，同样在现场协调调度新媒体部直播工作的子寅主任趁我不注意的时候和我们的主管领导说："别说石靖楠了吧，她都咳成那样了。"所以你看，亲密的战友情，都是在如火如荼的工作中练就的。不过，那天

---

① NPC是non-player character的缩写，是游戏中的一种角色类型，意思是非玩家角色，指的是电子游戏中不受真人玩家操纵的游戏角色，现在这个概念还被类比应用到其他多个领域，在这里指扮演某些特定角色的演员。

的现场演唱，原本说不完一句话就要咳嗽一声的我，竟然在台上一声都没咳。所以，怎么能不是一个美妙的夜晚呢？

三、和"六公主"合作　开启融媒体"长直播"新篇章

小屏直播作为当下最为火热的网络传播形式之一，操作更为直接简单，信息海量、实时传播、交互性更强，为传统媒体平台赋予了新的生机与活力。小屏直播当中的"长直播"形式，则更容易通过对新闻事件或主题活动较长时间的持续关注，吸引受众注意力，带来更多流量。

一河通古今，一脉传千年。长城自古被人们看作是中华民族挺立的脊梁，悠悠运河水则奔涌着中华儿女自强不息的血脉，是一代代人书写在华夏大地上的宏伟诗篇。2014年，中国大运河项目成功入选世界文化遗产名录，成为我国第46个世界遗产项目。2024年是运河申遗成功十周年。十年间，这条河的最北端，在古老灿烂的运河文化的润泽下，古今同辉的城市副中心也焕发出了新的生命力。蓝绿交织、清新明亮、水城共融的生态城市图景正在徐徐展开。

悠悠运河水，流淌华夏大地千年文脉，漫漫光影路，见证中国电影荣耀传奇。2022年9月3日，中央广播电视总台电影频道融媒体中心与通州区政府主办的长达八个小时的"千年之城　荣誉之夜"电影频道融媒体直播活动在大运河畔隆重举行。在直播当晚，《长津湖》《我和我的父辈》《1921》《革命者》《中国医生》《狙击手》《守岛人》等多部优秀国产影片及吴京、张涵予、刘烨、章子怡等知名影星角逐多项传媒荣誉。

在当天的长直播过程中，除了展现到场明星的台前幕后，还重点介绍了通州的运河历史文脉与生态文化、文旅产业发展、绿色城市布局及未来发展规划，通过直播节目，让观众更加直观地感受到北京城市副中心的运河之韵、运河之美、运河之变。

由于此次长直播活动，从下午两点开始，一直持续到晚上十点结束，直播时长达八个小时，为了丰富直播内容和直播场景，主办方设置了三个外景直播间，分别在城市副中心的运河文化广场、月岛观景平台及运河游船上。通过直播，观众不但能欣赏到运河两岸的旖旎自然风光，还能看到正在昂扬崛起的城市副中心新貌。

为了配合此次直播活动，通州区融媒体中心派出多位主持人，参与了直播间主持、外景出镜主持等工作。我们的主持人与总台电影频道的主持人、文旅专家在大运河文化旅游景区北区的燃灯塔及周边古建筑群，向广大网友分享了景区的人文历史、发展变迁和未来规划；去到从工业厂房到"城市绿肺"华丽转身的城市绿心森林公园，向大家介绍了宝藏公园里富于绿色环保理念的生态保育核和融合二十四节气文化的星形园路环；走进暑期热映电影《外太空的莫扎特》取景地潞河中学，探寻了经过时间洗礼的建筑如何记录通州的历史变迁。而我作为通州区融媒体中心主持人团队中的一员，参与了此次直播活动在月岛观景平台设置直播间部分的主持工作，有幸和总台电影频道主持人李丹、文旅专家张建国一起，在大运河森林公园的月岛观景平台向全国观众介绍了通州的运河文化传承并推介了城市副中心游玩打卡的好去处。

敲定这场直播活动月岛观景平台直播间部分的主持人时，我的主管领导问我："靖楠，你去主持行吗？"我深知这场直播的分量，一瞬间压力来袭，顺嘴回了句："行吧。"领导语气略急："什么叫行吧。行就是行，不行就是不行。到底行不行？"一看给领导都急出绕口令了，我赶紧说："行！"

既然说了行，那就好好准备吧。虽然总台电影频道导演前期和我沟通时确定，给我这一部分直播主持环节的时间只有半小时左右，但我从接到任务那一刻起，就开始大量翻阅通州区的文旅资料、我采访过的标志性景点信息、拓展出的新闻信息，甚至还给文史专家打了近两个小时的电话，深挖了通州区内几处文物古迹的历史和传说故事。直到我觉得，准备出的内容足够把主持人李丹的主持词也填满才善罢甘休。

不看不知道，看了资料才知道，在城市副中心的建设发展中，有很多有意思的小故事。你知道吗？月岛闻莺景区名字的来历，也颇有意境。据说当时在治理运河通州水域的过程中，北运河河道形成一处凸起地势，形状像新月，且四面环水，呈月牙状，再加上周边植被茂盛，吸引了无数鸟类在此莺歌筑巢，便得名"月岛闻莺"。

2017年2月，习近平总书记在北京通州大运河森林公园考察时指出，要古为今用，深入挖掘以大运河为核心的历史文化资源。如今，越来越多的人登上观景平台，看到蜿蜒运河水犹如玉带，贯通城市，便能更加深刻地感悟习近平总书记指示中的深意，大运河这一"流动的文化"，既是时间上的流淌，也是空间上的绵延。千百年来，它是润泽百姓的水脉，更是传承历史的文脉，我们每一个中华儿女都有义务保护运河的历史文化资源。

直播当天，和煦的阳光洒在月岛观景平台大红色的框架上，一种如诗如画的东方古韵之美随运河气韵蔓延。当我坐在观景平台临时搭建的主播台上时，城市副中心运河两岸美景尽收眼底。运河水波光粼粼，东西两岸绿色绵延，远眺还可以看到城市副中心行政办公区的座座楼宇，北京城市副中心欣欣向荣、一派生机，我心中的自豪感、幸福感油然而生。我告诉电影频道的主持人李丹："通州不只有源远流长的运河文化，还是一座宜居宜业的未来之城。每当我走在大运河文化旅游景区北区的通惠河木栈道上，看到一边的运河商务区现代化楼宇鳞次栉比，一边精心改造完成的居民楼灯火可亲，而不远处有着千年历史的燃灯塔静静伫立，就被这里古今同辉的城市景观深深吸引。欢迎你有时间常来城市副中心做客。"

近悦远来　心向往之——我在北京城市副中心当主播

图4　我（右一）和电影频道主持人李丹（左一）、文旅专家张建国（右二）在大运河森林公园的月岛观景平台向全国观众介绍通州的运河文化传承并推介城市副中心游玩打卡的好去处

在当天的直播中，我也经历了有惊无险的一幕。当天月岛观景平台的室外演播室不时有阵阵微风吹过。当我和电影频道主持人李丹、文旅专家张建国聊得正起劲的时候，恰巧一阵风吹过，把我面前桌上的稿子吹了下来，顺着地板飞出好几米。当天我的主持词是没有提前拷进提词器的，所以，稿子被吹走，意味着我只能凭借直播前编导给的主持框架自己临场发挥。我用余光看到，摄像机后的摄像老师和监视器旁的编导老师一时间都有些关切地看着我。我轻轻点了下头，示意他们别替我担心，然后接着说我要表达的内容。直到演播台上我们三位聊到一个段落结束，编导才趁着进广告的时间，弓着身子，轻手轻脚一溜烟地跑过去，把稿子给我捡回来，放到了我的面前。

我后来想想，平时很爱紧张的我，当天又是在总台"六公主"的直播演播台前，在突然无稿可看的情况下，是怎么做到没有惊慌失措、沉着应对的。是在城市副中心扎根十几年对这片土地的了解和深厚感情？是带着敬畏之心、比节目原定时长多出几倍的准备内容？是去一线、去基层、去到任何可以发现新闻、探索事实的广义备稿[①]的全过程？可能都有吧。

直播结束，危急时刻给我送稿子的编导老师拉着我的手说："真棒啊！"是啊，这场在城市副中心举行的史无前例的长直播真棒！美景这么多、故事这么多的北京城市副中心真棒！

这次直播活动，在总台电影频道、中国电影报道、北京市通州区融媒体中心、学习强国、中国日报客户端、中国青年报、北京城市副中心报、北京通州发布、融汇副中心客户端、央视频、中国电影报、澎湃新闻、北京日报客户端等多平台全网同步直播。此次融媒体直播活动为我们向上级专业媒体平台学习提供了良好的机会，也成为融媒体中心主持人团队全员、全程参与融媒体"长直播"活动的一次有益尝试。

活动结束，领导指示：多和电影频道的各位老师学着点，以后咱们直播用得到。我心想，这么长的直播吗？我们独立来完成吗？

四、运河这边　风景正好——融媒长直播，考验业务耐力与团队协同

锤炼本领的机会来得比想象中更快。2022 年 9 月 24 日，通州区融媒体中心播音主持管理部的主持人以项目制负责、团队化运作的形式，和中心的新媒体部、融媒采访部、视频编辑部、平面媒体部、制作部、技术部等各部门协同配合，完成了"'运河这边　风景正好'北京（通州）大运河文化旅游景区系列文化活动、2022 运河文化时尚大赏"近七个小时的

[①] 广义备稿，是指平时不断地学习和积累。播音员、节目主持人是新闻工作者，应该具备较高的政治觉悟和理论水平、广博的文化知识、深厚的专业功底和艺术修养等。广义备稿是播音创作的基础。

长直播活动。

这是截至目前，我所在的部门牵头策划完成的最艰难的一场直播活动。直到今天，回忆起当时准备直播及直播过程中的点点滴滴，我还觉得心有余悸。

为了让直播活动流程丰富、内容充实，我在接到这场直播任务时，脑子里跳出来的是20天前我参加电影频道"荣誉之夜"直播时的流程图。不同的直播间场景切换、大量的嘉宾访谈、直播过程中的分会场直播连线、前期拍摄剪辑完成的探访短片……这些，才能撑起一场长直播，让直播骨架之间的内容有血有肉。

按照计划，直播预计从下午两点开始，到晚上九点在大运河文化旅游景区北区西海子公园西海阁举行的"运河文化时尚大赏"直播拉流结束，我们整场直播的时长预计在七个小时。除了一个小时左右的国潮服装秀由北京服装学院的专业表演者们完成，其余五个多小时的直播内容，全部需要我们主持人来完成。

有了不久前参与对接总台电影频道荣誉之夜直播活动的经验，这场通州区融媒体中心历史上的首场长直播由我来负责牵头策划，但还需要一位参与策划、具体执行和作为现场导演的工作人员和我一起来完成。让谁来呢？我知道这场直播任务很重，完成有难度，选一位有经验的部门"老人"来和我搭档完成，对我来说能省些心力。但我很清楚，这么重要的直播活动，无疑也是提升新人业务水平和协调能力的好机会，不能浪费。于是我决定，大胆起用部门新入职的主持人。

小张是2021年应届硕士毕业来到通州融媒工作的主持人。她头脑清晰灵活、文笔漂亮，日常新媒体短视频创作有思路、有想法，经常出爆款。带着一分忐忑、十分信任，我和小张一起开始了活动的策划工作。

经过前期向通州区园林绿化局相关领导和工作人员了解情况，并进行实地踏勘，我们把直播的外景主演播室设在了大运河文化旅游景区北区西海子公园的葫芦湖。

西海子公园始建于1936年，占地面积14万平方米，其中水域面积近5万平方米。公园环境优美，空气清新。从我们的摄像机镜头看过去，可以看到现场亭台水榭、湖水波光潋滟、湖边郁郁葱葱，好似一幅绝美的水墨画。演播台后面以葫芦湖为中心位置，一边是有着千年历史的燃灯塔，另一边则是正在崛起的运河商务区。我们想用这样美好的画面，让这座古今同辉的人文之城，随我们的直播一起，向大家讲述城市副中心的发展和变迁。

这场直播活动包括外景主演播间访谈、分会场直播连线、分会场主持人沉浸式游园、运河文化时尚大赏活动全流程直播等环节，除了向广大观众介绍通州的文化旅游资源、对文旅专家进行现场访谈，还设置了著名景点推介短片展播、主持人打卡体验、戏曲舞蹈展演等内容。以运河文化传承为脉络，通过直播的方式，向广大受众展示城市副中心的园林之美、古风之韵、现代之姿。

在这场活动中，年轻的"95后"小张，既是活动项目的负责人，也是活动的策划、导演，甚至担任了直播过程中的部分场务工作。整个部门从领任务、筹备活动、出策划、安排主持人外景拍摄到现场直播，不过一周时间。更为巨大的挑战是，由于种种因素，除了中心采访部协调来的一名外景出镜记者，部门里当时能够参加当天直播主持及外景拍摄的主持人，全算上也只有六个人。这六个人不仅要完成前期大量外景短片的拍摄，还要负责直播时主会场及各个分会场的直播主持和连线。同样因为人手有限，所有主持人除了出镜，还要负责各自出镜版块的编导。稿子自己写，片子自己编。

当时的我，无论是牵头策划大型活动的经验还是部门的管理经验，都很欠缺，只一心想着把直播顺利完成，光低头往目标冲，竟然没想过遇到人手不够的难题时，去和中心领导请示求援，调配些人手过来。就那么笨手笨脚地把六个小时的直播内容，带着其他几位主持人一起扛了下来。

如何塞满主演播室近六个小时的直播内容，对于刚刚毕业一年多的年轻主持人小张来说，无疑也是一次大考。那些天，我清楚地看到由于上火，小张嘴边拱出来的大疱。其实，当时的我也并不比小张轻松到哪里去：通州融媒首次以部门为单位牵头完成的七小时长直播，首次起用的新人策划兼导演，许多未知的、可能的直播突发因素。离弦的箭、破碎的我、摸着石头过河的她……

小张要负责全场调度，已经无暇顾及主持环节，其他主持人都在各个点位等待直播连线。主会场的主持人中除了一位男主持张斌可以安排，竟然没有女主持可以和张斌一起搭档主持了。我只能顶着压力自己上。所以你看，不会策划的编导不是好主持人。我们平时在部门里开玩笑的一句话，现在用在这里真是很贴切。还有一句，主持人多学几门"语言"有时候是多么重要啊。

当天的直播，远比我想象的还要艰险。因为小屏直播，几乎毫无延时可言，每一个部分都要精准，没有容错率。小张作为新人策划和现场导演，很多事情一时做不了主，很多细节性的事情都需要和我商量。一位访谈嘉宾还没到；分会场的主持人还没就位；现场外景阳光太强，根本看不清提词器，要不要临时搭把伞，可是搭把伞，主持人脸上的面光会不好看……凡此种种，事无巨细。

我记得，直播开始前五分钟，我还在不停地接听电话，协调各项事宜。一旁的男主持张斌催促我："小石姐，你能不能不管其他的了？马上直播了，咱俩顺顺开头的稿子吧！咱俩主持也很重要啊。你这么弄，要出事的啊！"是啊，张斌说的，我都知道也认同，但是没办法，我现在的身份，不只是一名主持人，那么多的环节需要我调度。仗着平时和张斌挺熟，我顾不上客气，扭过头冲着他语气略急地说："你能不能先安静，让我把手头的事情处理完啊。"然后继续各种调度，直到负责网络直播的新媒体导播开始喊倒计时："54321，开始！"我才踏踏实实和张斌开始了主持环节的工作。

幸运的是，我和张斌都没有因为直播前的忙乱而影响后续的主持环节。各环节串词、访谈嘉宾、述说故事，我们搭档得很顺畅且有默契。作为一起战斗的战友，忙于工作的我们常常无暇顾及战友的情绪。但庆幸的是，在多次合作中，我们心无杂念，一心想着工作目标，并默契地互相接住彼此扔过来的情绪炸弹，最终圆满完成了很多充满艰难险阻的工作。

这一次也一样。我们圆满完成了这次在通州融媒直播史上首个七小时长直播任务。它不仅考验全体主持人的专业素养，还考验参与者面对急难险重任务时的耐心和定力，考验团队主持人的沟通协作能力。

此次直播内容涉及点位包括古朴壮美的燃灯塔景区、与燃灯塔守望350年的活文物"塔榆"、述说通州漕运繁盛景象的漕运码头、运河文化广场、大光楼、大运河森林公园、"运河清风"廉政文化主题公园……每一处身处城市副中心的标志性景点，通过我们的直播，美景被探访、历史被挖掘、记忆被重启。

直播中，当我看到手机小屏上30多万个网友进入直播间观看我们的直播并与我们实时互动、屏幕上赞美副中心美景的话语刷屏时，我心里的自豪感和身后壮美的城市副中心气韵一起升腾。

"运河这边，风景正好。"习近平总书记擘画的美好蓝图，正在北京城市副中心一一变成美丽实景。沿着总书记指引的方向，全力答好市委提出的"二十年之问"，全面落实区委"11311"工作体系，相信通过城市副中心人的不懈努力，坚持一张蓝图绘到底，一茬接着一茬干，北京城市副中心一定能够建设成为中国式现代化进程中的城市发展样板。其中，媒体人的力量和坚持，你感受到了吗？

图5 "'运河这边　风景正好'北京（通州）大运河文化旅游景区系列文化活动、2022运河文化时尚大赏"直播现场采访国潮汉服表演者。主持人张斌（左一），青年作家、国潮汉服表演者周渝（中）

当天的直播，在"北京通州发布"视频号、"通州发布"抖音号、"融汇副中心"客户端、北京时间APP等平台的总观看量达到234.8万人次。我们用一场横贯古今、满屏绿意美景的直播向广大观众展示了城市副中心的古韵与新风。

直播紧张也辛苦。很多幕后工作人员没能出现在直播的镜头里，但却是名副其实的幕后英雄。直播前一天晚上，彩排到很晚，大家都还饿着肚子。晚饭外卖送到直播场地西海子公园的侧门，大家围蹲在地上分盒饭时，很多遛弯儿路过的居民问我们："卖盒饭呢？"几位有偶像包袱的主持人默默地把脸上的口罩往上拽了拽。主持人私下也挺可爱的，是不？

图6 "'运河这边 风景正好'北京（通州）大运河文化旅游景区系列文化活动、2022运河文化时尚大赏"直播活动现场。上图主持人朱广帅在直播中采访汉服表演者，下图主持人冉帅在与汉服秀表演者互动

我一直想用实际行动告诉我的这些小伙伴，作为基层媒体的主持人，你所有的光环，不是顶着主持人的名号高高抬起的主播发型，不是精致美丽的上镜妆，而是扎根基层、奋斗于一线，用手中纸笔、话筒和美好声音传递时代强音的传播效果，是广大受众对节目的信任和肯定。新媒体时代，网红经济起飞、AI主播登场，基层媒体主持人想要在自己热爱的领域多干几年，就要有把自己磨炼成全媒型人才的毅力和决心，拿出用好作品说话的诚意。技多不压身，只要路在前方，就撸起袖子加油干吧。

图7 "'运河这边 风景正好'北京(通州)大运河文化旅游景区系列文化活动、2022运河文化时尚大赏"直播活动的幕后花絮。一场直播,主持人站在台前,被很多人看到,但其实幕后有许多不同工种同事的配合和辛苦付出。户外,蹲在地上,工作间隙随便吃一口早就凉了的饭菜,是媒体人再平常不过的日常

主持人小张离职的时候,我偷偷掉了一个礼拜的眼泪。很多人说我,怎么离职一位主持人,我就跟失恋了似的。是啊,你们想想,一起曾经在艰难条件下攻坚克难的战友,突然和你说,融媒改革、主持人团队打造这条路,我就先陪你走到这里了,你会是啥反应呢?但有时候生活甚至生命不就是这样吗?有人出现,陪你走一程,挥手告别的时候,再不舍,也微笑着祝福彼此就好了。所以,祝福小张,也祝福在我职业生涯里出现又退出的你们,一切都好。山高水长,江湖再见。

图 8 我（右一）正在和同事一起配合摄像调试画面。光照很强，暑气还未消散，又还在新冠疫情阶段，我们全副武装，严阵以待。不会干策划的导演不是好主持人

五、"大运河畔闹元宵"大型融媒体直播活动——且喜人间好时节

根据北京市委宣传部对 2023 年传统节日文化活动的总体安排，由中共北京市通州区委宣传部主办，北京市通州区融媒体中心承办，北京市通州区园林绿化局、通州区新华街道办事处、北京大运河文化旅游发展有限公司协办的"福满京城　春贺神州"——大运河畔闹元宵 2023 年通州区"我们的节日"元宵节大型融媒体直播活动于 2023 年 2 月 3 日——农历正月十三举行。

有了前几场大型活动的直播经验，这场直播活动同样由通州融媒播音主持管理部的主持人团队牵头，与新媒体部、视频编辑部、融媒采访部、

021

技术部、制作部等通力配合，形成全媒体传播矩阵团队，为打造城市副中心融媒体传播品牌队伍，开辟出了一条崭新的路径。

因为活动计划在农历正月十三直播，所以2023年的春节假期，注定是个繁忙的假期。过年七天乐，劳动最快乐。作为这场活动的策划，主持人李佳桐整个春节假期都在和我沟通直播方案的流程设置和细节。放假前，我和部门的主持人们说："大年初五，大家一起开个线上调度会吧，初五之前，策划方案要基本定稿。"

看到这里，很多期待整顿职场的年轻朋友肯定会说，春节也不能让大家踏实休个假吗？我想说，作为媒体人，真的不能。对于新时期的主持人，尤其是加入新媒体队伍、开始深耕小屏的我们来说，假期加班、24小时待命，是很平常的工作状态。

初五晚上，按照约定时间，部门所有主持人全员上线，佳桐的方案也经过之前的几次打磨和修改，基本定稿，脉络清晰、内容丰富。说实话，在我接手部门工作后的这几年间，很多时候我都觉得，有这样一群志同道合的事业伙伴是一件很幸运的事情。在绝大部分时间里，他们召之能战，战之能胜，从未辜负曾经寒窗苦读的专业和如今依然热爱的事业。

这次直播活动我们采用了线上、线下相结合的形式，除了设置台内演播室，还在位于城市副中心大运河文化旅游景区北区燃灯塔景点的大成殿前搭建主舞台，进行文艺演出，并通过外景主会场市集直播连线、城市副中心各地元宵节盛况展示、京津冀三地主持人互动连线以及外景主持人vlog探访等多种形式穿插整场活动。

活动共设置"京津冀三地闹元宵""燃灯塔下话元宵""岁岁团圆　喜乐元宵""月满人间　最是团圆好时节"等四个篇章，并采用全媒体长直播形式，以"演播室＋主会场＋分会场"的穿插结构进行。活动直播时长约两个半小时，从午后时分到夜色渐起，渲染城市副中心浓厚的佳节氛围。

直播活动在通州区融媒体中心全媒体演播厅拉开帷幕。为了让观众朋友体验城市副中心丰富的非遗文化和元宵节的热闹氛围，活动一开始，台内演播室的主持人张斌和李佳桐就现场连线了活动主会场——北京（通州）大运河文化旅游景区北区燃灯塔和周边古建筑群的外景主持人王超，带领观众逛燃灯塔市集、赏张庄非遗龙灯，共同感受"我们的节日"主会场热闹喜庆的氛围。

除了燃灯塔市集，节目还通过连线分会场的出镜记者，带领广大网友一同感受城市副中心运河国风市集、大运河文化旅游景区南区等地各具特色的节日场景。

在第一篇章"京津冀三地闹元宵"中，主持人现场连线了天津宝坻、天津武清、河北廊坊的主持人们，津冀两地主持人分别介绍各自所在地区元宵节的特色民俗活动，展现了京津冀三地一家亲、共话元宵的和谐喜乐氛围。

在活动的第二篇章"燃灯塔下话元宵"中，我和小辉作为这个环节的主持人，和编导、摄像一起，来到古香古色的燃灯塔景区，和访谈嘉宾一起，体验时下流行的"围炉煮茶""文创咖啡"。

在燃灯塔下的茶室中，我采访了中国旅游景区协会标准委员会副主任、圆梦九州（北京）旅游规划设计院院长王昕和通州区文史专家池源老师，在寒意尚浓的节日里，和两位老师边喝茶边聊天，共话城市副中心传统文化和景区建设的融合发展以及大运河 5A 级景区的创建情况。

访谈进行的当天，屋外春寒料峭，屋内却因为有了新朋老友的到来而暖意融融。

"绿蚁新醅酒，红泥小火炉。晚来天欲雪，能饮一杯无？"小火炉上茶水渐热，围成一圈的橘子、红薯被烤出焦糖的香气，温暖雅致的新中式风格氛围满溢，我们的聊天也更加轻松惬意。

传统节日，是刻到中国人血脉当中的情感，同时也饱含着大家对于美好生活的向往。节目中，回忆起从燃灯塔景区走向茶室，一路上张灯结彩、年味浓郁的景象，我问池老："当今时代，过好我们的节日，您觉得意义何在？"

当时已经78岁的池老感慨："中国的传统节日历史悠久，意义深远，体现了强大的文化凝聚力和民族凝聚力，有利于全世界的华人同胞们凝聚在一起。"王昕院长说："现在的节日在不断地创新，也在不断地发展，但内核没有变。比如，越来越多的年轻人喜欢汉服，喜欢传统文化，以前的家庭聚会，现在变成亲友更大范围的聚会。"我说："我觉得您说的这个内核，是亲情、友情、家国情怀，一直在其中，从未改变。"在舒缓愉快的氛围中，我和访谈嘉宾的观点输出碰撞交融，传递出中国人对传统节日的深厚情感。

通过对传统节日文化活动的大型融媒体直播，让更多网友踏上时空隧道之旅，打开历史的酒坛，感受历久弥新的文化香气，铸就强大的文化自信，是我们作为官方媒体平台的职责所在。

围炉煮茶闻暖香，且喜人间好时节。燃灯塔下，茶香氤氲，喜乐弥漫。

本次直播活动的第三篇章"岁岁团圆　喜乐元宵"以主会场的表演环节为主。当时在确定开场表演节目之初，中心领导提出两个要求：一个是要有些创新；另一个是活动经费有限，节目设置要性价比高一些。

看上去简单的两个要求，执行起来可不简单。要保证节目质量还要节省开销，这两全其美的效果怎么才能呈现出来呢？想来想去，用自己人表演性价比最高。所以，开场节目就主持人自己上吧。

图9　2023年元宵节直播活动中，在位于大运河文化旅游景区北区燃灯塔下的茶室中，我采访了中国旅游景区协会标准委员会副主任、圆梦九州（北京）旅游规划设计院院长王昕（右一）和通州区文史专家池源（中）。图片来源："北京通州发布"视频号

和主管领导商量后，我们在部门里挑选出一男一女两位平时唱歌还不错的主持人，又和他们一起挑了挑歌曲。最后大家一致认为，《花好月圆夜》这首歌很符合元宵节团圆美好的氛围，悠扬动听、浪漫唯美。于是，大家马不停蹄地进棚录音。据说当时这俩主持人还和录音棚老板砍了砍价，花了不到两千块钱就录制、修音完成了整首歌曲。此处必须为会过日子的主持人们点个赞。

直播演出开始的时候，两位主持人身着传统汉服，仙气飘飘，飘逸登场。"就在这花好月圆夜，两心相爱心相悦，在这花好月圆夜，有情人儿成双对。"在元宵节这个团圆的日子里，能和相爱的人一起度过，是一件多么美好的事情啊。我在台内总导播台听到主舞台台下观众掌声阵阵的时候，心里不禁感叹：这两千块钱花得值啊。

随后，精彩的汉服表演秀及专家的详细解读、兔儿爷吉祥物闪亮登场、古法制香等非遗传承人的现场展示环节，让大家感受到了传统文化的魅力。

在第四篇章"月满人间　最是团圆好时节"里，主持人带观众"趣"逛燃灯塔市集。把玩各式各样、造型可掬的泥人，品尝香气四溢的运河贡茶，与数字人现场互动等现场活动精彩纷呈。在花丝镶嵌馆，主持人采访了北京市工艺美术大师、非遗传承人杨锐，介绍了花丝镶嵌的制作技艺及文化意义，带领观众现场"寻趣非遗"。美轮美奂的花丝镶嵌作品，让万千网友感受到了历史悠久、技艺精良的非遗手工艺的魅力。

"我们的节日"系列活动是城市副中心精心策划开展的传统节日文化系列活动。本次元宵节直播活动是该系列活动在2023年的首场直播，充分发挥了媒体融合宣传特点，实现了全媒体矩阵式发声、即时互动传播，引导广大人民群众体验节日风俗、展现中华精神、增强文化自信、展示副中心风采。这场直播活动通过"北京通州发布"视频号、"北京通州发布"微博、"通州发布"快手号、抖音号、"融汇副中心"客户端等进行全流程直播，突出展现了城市副中心元宵节喜庆热闹的节日气氛。

六、三大文化设施直播，见证城市副中心蝶变史

习近平总书记指出，建设北京城市副中心是北京建城立都以来具有里程碑意义的一件大事，对新时代北京的发展是一个重大机遇。规划建设八年来，北京城市副中心落实世界眼光、国际标准、中国特色、高点定位的要求，高质量发展不断提速，正成为北京这座千年古都又一张靓丽的城市名片。

在北京城市副中心，一批批重大工程建设正加速推进。通州大运河畔、万亩绿心林海中，副中心"三大文化设施"——北京艺术中心、北京城市图书馆、北京大运河博物馆于2023年12月27日盛装启幕。这三个文化新地标成为城市副中心的文化中心、活力中心、市民文化休闲娱乐中心。如果说燃灯塔是通州的历史文化标识，那么曾经组团规划、如今对外

开放的城市副中心剧院、图书馆、博物馆三大文化设施，不仅是城市副中心新的文化地标，更是北京全力推进全国文化中心建设的新载体，它记录着十年间城市副中心的蝶变重生之路，展现城市副中心高质量发展步伐加快的发展成果，也承载着城市建设者的喜悦汗水、市民群众的获得感和幸福感。

为了让更多观众了解三大文化设施的建筑亮点以及开馆后的精彩活动，通州融媒策划推出了"三大文化设施开馆首日直播活动——通州融媒主播带您云逛三大文化设施"，第一时间带领网友们云游览，感受文化新地标融汇古今、飘逸瑰丽的魅力。

和以往直播活动不同的是，这场直播活动在非常重要的历史节点上进行。三大文化设施的落成，是落实习近平总书记视察北京重要讲话精神和京津冀协同发展十周年的具体成果体现，是落实首都城市战略定位和服务社会主义文化强国建设的重要举措，也是大力推进全国文化中心建设和北京城市副中心建设的生动实践。这场直播，必将载入通州融媒直播的发展史。而与以往直播相同的是，时间紧、任务重、人手紧张。

因为考虑到"三大文化设施正式对外开放"这样重大的新闻事件，中央广播电视总台、北京广播电视台等上级媒体一定也会做直播报道。与之相比，我们的直播平台显然不具备很强的竞争力。担心流量得不到保证，更担心直播采访中可能会出现不同平台的采访团队时空重合、互相"撞车"的情况，所以一开始我和部门的主持人们是没有计划做这场直播的。但是在通州区融媒体中心每周例行的编委会上，中心领导说了一句话："对于这样一件在城市副中心发展史上具有里程碑意义的事情的报道，我们作为城市副中心的官方媒体，怎么能够缺位呢？"是啊，别管发出的声音强弱，重要的是，一直手拿话筒，真诚发声。所以，我们招呼团队，马不停蹄开始准备直播。

直播活动定在 2023 年 12 月 27 日，也就是三大文化设施对外正式开放首日进行，从下午两点开始，预计晚上六点结束，总时长四个小时。直播时间段正好与三大文化设施与公众正式见面后进行的一系列启幕庆祝活动相重合。

直播的客观条件依然摆在那里，时间、人手是真的紧张，除了播音主持管理部的主持人、其他科室的协同配合团队，连部门里应届硕士毕业的实习生都用上了。实践证明，临时搭建起的团队，依然给力，同样惊喜。

我们快速出台了直播策划。充分运用全媒体平台，既呈现北京城市副中心三大文化设施自 2019 年 10 月 28 日正式开工建设到 2023 年 11 月全面竣工验收，这 1400 多个日夜的奋战中，难以置信的"副中心速度"和"副中心质量"，又向广大网友呈现城市副中心三大文化设施的建成史。通过采访建设者、相关负责人、媒体人等，讲述三大文化设施一砖一瓦背后的故事、感受美轮美奂的建筑群、领略复合型的文化体验，充分展示副中心重大工程建设创新、协调、绿色、开放、共享的新发展理念，通过直播助推城市副中心文化旅游产业发展，展现城市副中心最鲜亮的城市文化名片。

直播采用"现场慢直播＋打卡短视频＋嘉宾访谈"的穿插方式进行。主持人在三个场馆中穿插进行直播，沉浸式进行探访。有了之前牵头大型融媒直播活动的经验，我深刻认识到，为保证直播安全、顺利、精彩呈现，不到万不得已，策划、导演、主持人一肩挑的情况最好不要再发生了。于是，这场活动，我踏踏实实调度统筹，当我的总导演，再安排主持人冉帅作为现场执行导演，负责统筹对接细节问题，至于直播活动主持人的工作，就交给团队里其他人去干。

这样的大型融媒体直播活动，同样是练队伍的好机会。考虑到城市副中心三大设施融汇古今，直播的主持人这次也要新老搭配，才能让"通州发布"视频号的忠实粉丝耳目一新。于是，在直播主脉络主持人的安排上，在和主管领导商量后，我们选择了主持经验相对丰富的王超和当时传媒大学应届硕士毕业，还在通州融媒实习的记者崔伟玮。实践证明，这两位搭档主持很默契且别有一番新气象。截至本书撰写时，伟玮已经凭借自己优异的入台考试成绩和突出的工作表现，正式进入通州融媒工作了。

"从'九龙漱玉'的白浮泉，到'一枝塔影'的燃灯塔，82公里的大运河北京段古迹丰富、人文荟萃。今天，可以说是一个非常开心的日子，因为从今天开始，北京的市民又有了一个文化休闲的好去处。"

主持人王超和崔伟玮站在北京大运河博物馆的主楼门前，正式开始了此次直播探访之旅。

"运河之舟"北京大运河博物馆的设计理念源于古运河图景中的船、帆、水三个元素，建筑南侧形似巨帆高高扬起，北侧形如船只坚实厚重，描绘出一幅运河图景。北京大运河博物馆总建筑面积接近10万平方米，项目定位为智慧型综合博物馆，由共享大厅、展陈大楼（主楼）和休闲水街共同组成，与首都博物馆一东一西配合，诠释好"都"与"城"的关系。依托常设的大运河文化、通州地域文化等五大主题社会教育和公共服务课程，以运河文化为核，讲述大运河故事、副中心故事、北京故事。

陈列展览区、文物保护区、隔震层、北京城市副中心建设发展影像展……不同的展馆区域和丰富的展陈内容筑起悠悠运河文化之舟。跟随着主持人王超和崔伟玮的脚步，我们仿佛一起泛舟运河，深刻感受着这座厚重又充满智慧的建筑所展现出的历史时空交错、运河文脉传承、城市古今同辉。

主持人王超在直播中感慨地说："我从2016年来到这里，可以说和城市副中心共同成长，七年来见证了城市副中心的变化。这里不但环境变好了，现代化的建筑和高精尖企业越来越多，而且文旅资源也越来越丰富。

从大运河文化旅游景区、三大特色小镇，到今天的三大文化设施，欢迎大家来打卡。"

当然这次直播也免不了一些幕后插曲和花絮。

北京大运河博物馆探馆完毕后，我们就要开始北京城市图书馆部分的探访和直播。因此次直播涉及三个主要的场馆点位，我们采用了国内目前较为先进的5G云直播技术，在不同场馆安排摄像、新媒体工作人员，配备5G背包，实现直播场景的实时切换。那么现在问题来了，5G背包可以一个点位配一个，摄像可以多安排几组在不同点位，导播可以在总导播台完成画面的实时切换，那直播主脉络的主持人呢？直播的总导演和执行导演呢？也就是主持人王超、崔伟玮和作为此次直播活动总导演的我、执行导演冉帅，怎样在直播过程中完成不同直播点位的换场呢？我们没办法像直播信号一样一秒切换、瞬间挪移啊。

出于对安全和秩序的考虑，三大文化设施对公众开放首日，车辆是严格禁止在场内行驶的，摆渡车也不可以。三大文化设施之间的距离不是很远，如果是平时，在三个建筑之间走动走动，看看风景也挺好。可这是直播，分秒必争，不能有一点儿差错。即使是长直播，观众也绝没有耐心，看主持人从博物馆慢慢悠悠、云淡风轻地走到图书馆。我们大体估算了下，三大文化设施之间，步行的时间大概是十分钟。主持人如何在没有交通工具的前提下完成转场？答案是：两条腿，跑吧！

执行导演冉帅、主持人王超、崔伟玮他们仨，甚至在彩排的时候，提前在三大文化设施之间跑了一遍，回来告诉我，大概每个建筑物之间，要跑至少五分钟才能到达下一点位。那在主持人跑动的时候，也就是转场的间隙，该安排些什么内容播出呢？就穿插播出我们前期拍摄过的主持人打卡三大文化设施的短片吧。毕竟对于短视频的拍摄和剪辑，我们的主持人已经积累了比较丰富的经验了。

于是，这场直播堪称我们几位主持人职业生涯里最练腿的一场直播。气喘吁吁、争分夺秒地从一个直播点位跑到下一个直播点位，迅速调整呼吸，深呼吸间听着导播在耳机里喊倒计时，"321开始"，然后一秒切换微笑表情，从容淡定地开始下一时段的直播。当观众兴趣盎然地看着手机屏幕上的这场记录历史的直播时，不会想到，就在几分钟前，我们几位还在路上一边奔跑一边喊叫，"赶紧的""来不及了""快点快点"……

说到这里，其实我也不确定，我们这么原始的直播赶场方式，会不会被很多干过专业、大型直播活动的同行笑话。但我想说，无论传播技术如何发展，我们都将带着一百二十万分的诚意，打磨每一场直播的内容，让每一个新闻事件都能以多角度的姿态全景呈现。为了你们，我们的观众朋友们，不断地奔跑又不断地出发，是我们一直以来对自己工作的要求，也是对于专业的追求和初心。

文杏裁为梁，香茅结为宇。镜头跟随奔跑的脚步，我们来到了有着"最美图书馆"之称的北京城市图书馆。

北京城市图书馆以144根宛如银杏树的立柱，在城市绿心森林公园中汇成一方具有中国传统书画意蕴美感的"森林赤印"。项目整体设计灵感来源于银杏叶片和森林山谷，顶部茂密的叶片伞盖相互交叠，四周巨型玻璃幕墙倾泻而下，内部设计则呈现出蜿蜒流畅的山体、山谷结构。森林景观与图书阅览区融为一体，成就了"临山间、于树下、勤阅览"的美妙阅读体验，构建起了城市副中心地标性的知识殿堂。世界最大单体图书馆阅览室、国内藏量最大的智能化立体书库、国内首家综合性非遗文献阅览空间等特色让这里仅投用三个多月，就迎来百万读者。

在这里，中铁建工集团副中心图书馆项目部工程技术部副部长韩帅带领我们感受了"书山智库""智慧工程"的魅力，解密图书馆中的隐藏式设计。

图书馆天窗上安装的太阳能薄膜光伏系统，年发电量可达约 25 万度，承担了温湿度气候控制、照明、声学舒适度和雨水处理等功能。藏在地下的智慧机械书库深达 16 米，配有自动分拣机、智能送书机器人等设备，能实现图书的自动出库、自动分拣、自动搬运。集拣选、存储功能于一体的智能化设备，赋予了智能书库强大的流通能力。来到这里的读者朋友，只需不到十五分钟的时间，就能在数百万册图书当中完成拣选，找到自己最心爱的那一本。

　　这样一座满足市民群众对于图书馆所有美好期待的"新晋顶流"，让馥郁书香沁润万千读者心灵，也让书香弥漫城市副中心的万家灯火。在这样一个极具亲和力的公共开放空间里进行直播，再加上我们的直播本身也是融于现场的，对周围群众不设限，当天的直播活动被很多现场观众围观了。

图10　通州融媒直播团队在北京城市图书馆进行直播，被观众围观。小屏时代，竟然一时分不清哪些是观众哪些是我们的工作人员

图 11　通州融媒主持人王超（右一）、李佳桐（中）、崔伟玮（左一）正在直播中

北京城市图书馆直播点位的出镜主持人李佳桐在直播结束后说，在直播过程中，作为主持人，她收到了许多观众的提问和留言，大家对三大文化设施的历史、设计、功能等都表现出了浓厚的兴趣。这次"云游"三大文化设施，除了让她更加深刻地感受到北京城市副中心的文化魅力，也时时被观众的热情与好奇感动。

后来，我和主持人李佳桐交流直播感受。佳桐告诉我："我被这些建筑的宏伟与精致深深震撼。大运河博物馆的庄重与大气，城市副中心剧院的现代与时尚，图书馆的宁静与深邃，让我不禁感叹城市副中心的飞速发展。当天各馆举办的盛大活动，观众的热情参与，让这次直播充满了活力与温度。"

北京艺术中心建筑面积12.5万平方米，与国家大剧院、台湖舞美艺术中心共同组成了国家大剧院"一院三址"的格局。北京艺术中心由三座独立的建筑体组成，从空中俯瞰，形如古粮仓和流动的船舶，因此也被称为"文化粮仓"。这里拥有1760座席歌剧院、1550座席音乐厅、1000座席戏剧场、500座席小剧场、850座席绿心露天剧场，声学效果经实测达到世界顶级音质水平，荣获欧特克设计与制造国际大奖。

在这里，我们采访到了北京艺术中心运营管理部部长江涛，感受到了这座建筑更多的精巧细节。歌剧厅以雍容华贵的中国红为基调。直播中，我们的主持人登上舞台，探秘舞台机械设备。主舞台升降台的升降行程达到13.5米，带来强烈的视觉冲击体验。音乐厅的沉浸式扩声系统和现代化设施同样震撼，每处吸声孔洞精确到毫米级，当器乐奏响，所有造型体都是声音反射器，让观众如同坐在巨型音响里。

谈及和国家大剧院的节目差异化问题，江涛说，北京艺术中心在节目安排上进行了创新，更多考虑年轻受众和家庭受众的需求，引进音乐剧、戏剧舞蹈、沉浸式话剧等多元化的表现形式，露天剧场则会举办户外音乐会等，营造轻松、欢快的氛围。

直播过后，本场直播活动的策划及总脉络主持崔伟玮告诉我，她在采访和前期的预访中发现，在绿色节能方面，三大文化设施也走在了世界前列。这里采用了地源热泵、海绵城市设计等先进技术，有效减少了能源消耗和环境污染，体现了北京城市副中心对可持续发展的重视。

崔伟玮说："作为直播主持人，我深感荣幸能参与这一历史性的时刻，也更加深刻地理解了文化对于一个城市的重要性。在未来的日子里，我期待与大家再次相聚在这里，共同见证更多文化盛事，感受北京城市副中心的独特魅力。"

除了自豪感、深刻的记忆，在业务领域，通过这样一场多点位切换的时长四个小时的直播活动，主持人们也积累了更多实用的直播经验：比如，直播当天观众很多，主持人在走动变换点位时，受到 5G 信号顺畅度的影响，可能会出现画面卡顿以及与新媒体导播台暂时中断联系等突发情况和随机挑战，因此需要很强的临场应变能力；长直播过程中，点位和点位之间，有的路程较远，这个时候主持人需要多准备一些关于自己点位介绍的话术，广义备稿显得尤为重要；此外，要一直保持热情与活力，走动过程中要随时与观众保持积极互动，在保证安全的前提下，必要时进行随机采访，随时和小屏观众互动，自如应对"乱入"镜头前的观众，等等。这些都是直播结束后主持人们需要思考的问题。

时和岁丰粮仓满，书山有路林参天。融汇经典立潮头，运河汤汤正扬帆。未来不远，已在眼前。在北京城市副中心这片热土上，在良好政策的支持下，城市框架有序展开，宏伟蓝图逐渐铺陈。艺术会"热"起来，书香会"浓"起来，文物会"活"起来，更优质、更丰富的公共文化资源将不断充实人们的精神文化世界。新时代的城市副中心必将以更加饱满的姿态，拔节生长、一起向未来。

七、胸怀"国之大者"，坚守"为民情怀"——"我为群众办实事"直播推广活动

2016 年 2 月 19 日，习近平总书记在党的新闻舆论工作座谈会上的重要讲话中提出："坚持党性，新闻舆论工作才能有明确的立场和指向；坚持人民性，新闻舆论工作才能获得活力源泉和动力根基。"[1]

身处基层媒体平台，我们的触角距离老百姓的需求最近，能第一时间感悟到他们的所需所盼。在日常工作中，心系人民、讴歌人民，去一线汲

---

[1] 中共中央宣传部.习近平论党的宣传思想工作［M］.北京：人民出版社，2019：150.

取新闻素材的源头活水，带回"沾泥土""带露珠""冒热气"的真实新闻作品，把对人民群众的无限深情融入播音创作、新闻采写的全过程，是通州区融媒体中心对包括主持人、记者、编辑在内的全体新闻工作者一以贯之的要求。

胸怀"国之大者"，坚守"为民情怀"。一场场"我为群众办实事"直播推广活动的举行，让我们的主持人们离这片土地的心跳最近。

2019年以来，视频直播和短视频带货，成为一种风潮。一批"网红"也在不断刷新视频带货的纪录，一些娱乐明星开始尝试直播带货。2020年，在新冠疫情的背景下，包括中央广播电视总台主持人在内的电视主持人以及一些地方官员也加入直播带货行列，助推各种产品销售，促进生产复苏。[1]

2021年至2024年，通州区融媒体中心持续利用新闻宣传工作的优势，突出媒体融合特色，共组织策划了26场"我为群众办实事"直播推广活动。主持人们以"第一视角"带领观众线上体验陶艺DIY制作流程，在氤氲咖啡香气中，感受宋庄艺术小镇的独特文化气息；用生动语言描绘美轮美奂的绢人和栩栩如生的毛猴儿，展现非遗手工技艺的独具匠心；带领广大网友走进城市副中心的各个乡镇，让观众朋友们从我们的镜头里熟识并"云品尝"了于家务回族乡富各庄村的榆黄菇、张家湾镇南大化村的金耳和永乐店镇西槐庄村的水果萝卜……主持人们除了全员参与直播活动，还参与了踩点预访、撰写直播脚本、拍摄制作新媒体短视频、新闻采写等融媒报道过程。夏天的温室大棚里，出镜主持人常常汗如雨下；冬天的直播场地，平均室温低至0℃。但无论严寒酷暑，主持人们始终坚守在镜头前，把一场场朴实生动、带着脚踩泥土的踏实又饱含新创想的公益直

---

[1] 彭兰.网络传播概论[M].5版.北京：中国人民大学出版社，2023：130.

播带给数以千计的网友们，切实解决了基层群众的所需所求。

印象最为深刻的一场"我为群众办实事"直播推广活动，应该是在2021年的隆冬季节，我带着部门的两位主持人和通州融媒新媒体部的几位同事一起，组成"我为群众办实事直播推广小分队"，走进漷县镇后元化生态园。那场直播，真是我经历过的史上最美丽"冻人"的一场直播。

冬至过后的漷县镇后元化村，白天的最高温度也只有0℃左右。我们去直播那天是个阴天，户外没有一点儿阳光。临时直播间搭建在了位于后元化生态采摘园附近的一处闲置的屋子里。整个屋子没有任何装修装饰，为了保证直播画面不过于凌乱，直播前，工作人员在地上临时铺了一层绿色的无纺布作为地面。室内没有空调、没有暖气。屋外寒风阵阵，阴冷刺骨，屋内和屋外温度基本一致。因为直播推广活动要在直播过程中向广大网友介绍不同农户种植的代表性农产品，一般时间都比较长，再加上前期布景、彩排、走场等环节，直播当天，我们直播团队一行七八个人，在那间不足十五平方米的屋子里，从早到晚，待了整整一天，从最开始冻得搓手跺脚到后来"涕泪横流"，再到最后手脚麻木。

直播的两位主持人哆哆嗦嗦地走流程、对词，负责网络直播技术支持的两位新媒体小姐姐在紧张地架设机器，其他同事在忙碌地布置直播背景，作为当天活动的总策划及现场总导演，这个时间段的我，反而显得有些"多余"。于是我拿起手机，记录同事们的工作状态。手机对准漷县镇宣传部负责此次直播活动的工作人员小段："嘿，小段，冷不冷啊？"身形壮硕的小段此刻颤抖着又略带憨厚地说："嗯，耳朵快冻掉了。"于是屋内笑声一片。苦中作乐，好像是媒体人、新闻人的常态。

在直播带货过程中，相比名人代言的传统广告，带货者会提供更多个人使用体验的分享、对产品更详细的介绍，也可以通过互动提供更多个性化信息。相比电视购物或商场中的推销者，带货者往往把自己放在消费者的角色上，这样更容易取得消费者的信任并使其跟随。[①]为了保证我们推介的产品的质量，更好地向观众详细介绍农产品的口感和味道，主持人需要在直播前就开始试吃农产品，并在直播过程中不停地沉浸式品尝。

我记得在这场直播中，有一样农产品是后元化生态采摘园的红心火龙果。火龙果香甜好吃，但是在当天 0℃ 的室温下，不停地吃生冷水果，真的不是一件舒服的事情。当主持人们在直播前试吃火龙果时，看上去就像在啃一根玫红色的、胖墩墩的冰棍。我拿起其中一个火龙果，咬了一口，牙神经瞬间敏感地被刺激了一下，全身打了一个哆嗦。当我看着下一秒就要冻上冰碴儿的火龙果望而却步的时候，主持人朱广帅说："没事，我来吃。"拿起一个火龙果就是"咔嚓"一口。

我还有个疑问，想问问同行或是从事过新媒体长直播的朋友们。在这种类似于郊外或野外的地方全天直播，上厕所的问题大家都是怎么解决的。当天的直播间因为设置在村子里的采摘园附近，没有正规的公共卫生间，只有一个不太常用的简易厕所，所以硬件条件和卫生条件可想而知。

采摘园的负责人杨洋当天一个劲儿和我们说抱歉。"姐啊，我们平时种菜为了方便，就睡在大棚旁边的简易屋里，冬天冷，夏天热，习惯了。但是，这次真是辛苦你们了。"我问杨洋："听说你以前在国企工作，薪资高，条件好，为什么辞职来种菜种水果了？"杨洋笑着说："因为梦想和热爱啊。"

杨洋笑起来的时候，黝黑的脸上泛起湖水涟漪般的皱纹，一点儿都看不出他才三十出头。在很多次采访过程中，我接触过很多新农人，他们在时代迅速发展的今天，固守着一方热土，深耕农业，圆梦田园。关于他们的故事，我在后面还会详细讲给大家听。

当天回到台里，我把这一天直播的幕后花絮和我在现场的自拍出镜剪

---

① 彭兰.网络传播概论［M］.5 版.北京：中国人民大学出版社，2023：130.

辑成了一条短视频，发给了城市副中心官方媒体平台"北京通州发布"视频号的主编孙华良。

这条视频记录了同事们围在一起，在0℃的室温下，一边嘴里哈着白气一边站着吃盒饭的工作点滴；记录了主持人直播外景出镜时，负责拍摄的新媒体小姐姐一边倒着走一边平稳拍摄的扎实功力；记录了坐在主播台前，一坐几个小时，穿着羽绒服，舌头冻到打结也要不停地为农户进行农产品推广的主持人们的工作状态。

其实，我也只是想和同事分享我们直播幕后的欢乐点滴。没想到，孙哥当天就把这条短视频播发在了"北京通州发布"视频号上。现在回想，这条短视频应该算得上是通州融媒主持人最早外拍剪辑的短视频作品之一了。这也可以说是第一次让"北京通州发布"的粉丝们这么直观地感受到，网络直播背后通州融媒直播团队辛苦的幕后工作状态。

图12　2021年12月23日，冬至刚过，通州区融媒体中心"我为群众办实事直播推广小分队"走进漷县镇后元化生态园，直播推广火龙果、手磨香油等农副产品。漷县镇宣传部小段（前排左一）、我（前排左二）、漷县镇后元化生态采摘园负责人杨洋（后排正中）。前排中间正在吃冰镇火龙果的是主持人朱广帅

在很多个烈日酷暑下，在无数个凄风苦雨中，作为记录者、新闻人、媒体人，我们用纸笔、话筒、镜头记录下了无数采访对象的动人瞬间，但很多时候，却总是忘记镜头后那个辛苦工作的自己。某个时刻，也心疼下自己，抱抱自己吧，同行们。

2022年4月26日，"我为群众办实事"直播推广活动走进了于家务回族乡富各庄村，推广科技小院的榆黄菇。这是虎年通州区融媒体中心"我为群众办实事"的第三场直播推广活动，也是我第一次参与主持这个活动。

在于家务回族乡富各庄村的科技小院里，我和主持人冉帅以云推介的形式多角度介绍了富各庄村的特色农产品榆黄菇，带领观众感受鲜嫩营养的榆黄菇的美味。

走进科技小院透明的蘑菇大棚，浓郁的蘑菇香气扑面而来。一排排菌棒井然有序地码放着。菌棒上的榆黄菇像颜色艳丽的黄色珊瑚，一簇簇、一层层地蓬勃生长着，新鲜、饱满、脆嫩。这种又叫黄金菇的菌类含有丰富的膳食纤维，且热量较低，富含蛋白质、氨基酸、维生素等多种营养成分。

直播中，我和主持人冉帅一起邀请于家务回族乡富各庄村的第一书记许洁坐上主播台，和我们一起品尝美味鲜嫩的榆黄菇。

榆黄菇炖的汤很是鲜美。考虑到小屏直播需要和网友有比较强的互动感，我端起一碗蘑菇汤，走到镜头前，用勺子盛起一口，冲着镜头举过去说："哎呀，大家看看这汤鲜不鲜，能不能透过镜头闻得到？"此时，我低头看到一条细细的、绿绿的蔬菜挂在勺子上，脱口而出："大家看看，这是什么？我们的汤里除了有榆黄菇，还有海带吗？"此刻，手机屏幕上网友们排着队回复："那是葱啊。"意识到自己在没看清的情况下，犯了"五谷不分"的错误，我忍不住冲着镜头笑了起来，直呼抱歉。网友们也排着队,回复了一个个笑哭的表情。大家你一句我一句,和我互动起来。

所以你看,和网友实时互动,其实是很有意思的事情。在新媒体时代,你面对镜头,真实不做作的状态,在网友眼里,是更亲切的存在。当然,我并不是提倡主持人要在直播中装傻充愣,以说错话为荣,而是想说,习惯了坐在传统电视镜头前,正襟危坐、字正腔圆的主持人们,在面对小屏受众、广大网友的时候,需要根据节目的风格、属性、特点,适时改变你表达的习惯和姿态。这不是选择性改变,而是必须适应和面对的、主持人在新媒体发展过程中的语态革新。

当我"请"网友们喝完蘑菇汤,重新坐回直播主播台,请第一书记许洁向我们介绍一下富各庄村榆黄菇的种植和庭院经济发展情况的时候,本就开朗的许洁更是打开了话匣子。

2017年,北京市疏解整治促提升政策实施,富各庄村清退了散乱污企业。造成污染的企业被腾退了,但是原来在企业上班的村民却闲了下来,没有了工作,村里劳动力的就业问题成了村委会要解决的头等大事。在这样的情形下,村党支部积极谋划,为村民寻找就业出路。经过多方论证,最终选择发展庭院经济,作为村民居家就业的渠道。

在庭院经济项目最初实施的几年里,村民在自家院子里简单种植一些黑木耳,经过近几年的种植摸索,渐渐地积累出了种植管理经验。

2020年,通州区首家科技小院建在了富各庄村,这个常住人口仅有400多人的小村庄开始有农业专家进进出出。他们热心地为村民选择种植品种、进行技术培训、拓展销售市场。

2021年,在村党支部的引领下,5户党员家庭带头种植榆黄菇。带头人每天和专家一起,泡在大棚里,按照专家的指导,严格监控着棚内的温度、湿度。经过40余天的种植管理,榆黄菇终于试种成功,五户家庭平均增收一万元,村民们找到了就业增收的新路径。同时,在党员的引领示范带动下，富各庄村村民纷纷开始种植榆黄菇，享受庭院经济带来的便利和实惠。

在科技小院专家和研究生们的带领下，富各庄村通过开展食用菌优良品种选育和高效技术集成示范工作，系统选育出平菇、榆黄菇、香菇、灵芝、长根菇、木耳等优良品种20余个，在北京郊区推广率达到80%以上，更是利用"两网、一板、一灯、一缓冲"食用菌虫害综合防控技术，避免了菇蚊、菇蝇的危害以及对农药的施用，使得种植出的蘑菇绿色健康无公害。

随后，在城市副中心，科技小院又陆续走进了漷县镇军屯村、永乐店镇西槐庄村、于家务回族乡果村、西集镇耿楼村等地。

近年来，通州区着力推动科技小院标准化建设、规范化运行、可持续发展。2023年，北京城市副中心确定在全部9个涉农乡镇推广科技小院。这些科技小院不但为农村和农民带来先进技术理念，同时也为高等院校、科研院所培养人才提供实践基地，在乡村振兴、农业农村现代化进程中，充分发挥自身优势，提供技术支撑，在广袤的乡村土地上撰写出一篇篇生动珍贵的实践论文。

回到富各庄村这次的直播活动。当天不知道是网络信号问题还是机器突然出了问题，直播开始前的五分钟，直播画面有部分时段的模糊和卡顿。当时负责网络直播技术的是新媒体部一位姓于的小姑娘。前五分钟，我和男主持人冉帅说得热热闹闹，其实不知道，此时的小于在镜头后面是很慌乱且紧张的。网络直播，尤其又是在一个比较陌生的场地进行直播，很多因素确实是不可控的。即使在直播前我们已经进行了很充分的彩排、机器调试、网络信号测试等，还是无法完全避免在直播中可能出现的这样那样的问题，尤其是网络信号这种不可控因素。

直播后小于找到我说："怎么办？前五分钟画面是模糊的。"是啊，直播推广，前五分钟画面存在模糊的情况，对于技术操作人员来说，确实会造成很大的压力。但是，我们的小屏直播团队才刚刚组起班子，网络小屏直播，走出演播室，网络环境和很多技术因素都不可控，于我而言，也是十几年主持生涯里的首场网络直播推广活动主持。同时，由于人员有限，小于作为这场直播中仅有的一位新媒体工作人员，需要调试设备、负责推流、切换镜头，忙得不亦乐乎。看她如此自责，现场所有工作人员都没有再多说一句。我悄悄告诉她："你知道吗？我今天职业生涯首场直播带货也紧张了。开场脑子一片空白，本来计划好要说的词一瞬间忘得一干二净。冉帅肯定知道，因为我没按套路出牌，导致他也只能随机应变，一通临场发挥。"面对我的另类宽慰，小于好像并不能共情："你的纰漏，只有你和冉帅知道，但是我的纰漏，全网都看得到啊。"

是的，那天直播刚开始五分钟的模糊画面，所有进入直播间的网友都注意到了。但不知道是不是这个原因，我们的直播间一瞬间涌入了很多网友。"这是什么直播？卖蘑菇吗？听主持人说得很好吃的样子，但是看不清啊，好着急""画面什么时候能好，着急看""技术老师，呼叫技术老师"。当画面一瞬间变清晰后，屏幕上又滚动留言"啊，我多年的白内障被治好了。""总算看到榆黄菇长什么样了，头回见，很新鲜啊。"

就这样，一个小插曲，反而促成了网友们快乐的集体讨论。当天"北京通州发布"视频号"我为群众办实事"直播推广活动在线人数首次突破3万人，点赞达3.9万次。在除了直播前发了一条直播预告，几乎无任何直播推广的情况下，一场规模并不大、参与人员很有限的农产品直播推广活动，能有这样的关注度，其实很不容易了。

这样一场充满新鲜经历，惊喜与惊吓并存的小屏直播就这样在我们的欢声笑语和些许遗憾里结束了。很多人说，电视是门遗憾的艺术。其实，直播的遗憾更多。只是在新媒体语境下，网友对"遗憾"的评判标准发生了变化。有时候，他们的容错率和宽容度高到让你吃惊，但有时候，小小的石子在网络世界里就可以掀起千层巨浪。

不难发现，相比传统媒体传播，网络直播的不确定因素更多。网友们当然也有自成一派的喜好。但探寻网友好恶的前提绝不是一味追求流量的哗众取宠。需要注意的是，尽管"引爆力""10万+"等是衡量内容传播的重要指标，为此我们也需要去理解爆款内容的特别"配方"，但是赢得眼球并非传播者的唯一目标。有些内容容易吸引眼球，它们对于社会的影响却可能是负面的；有些内容可能并不具有成为爆款的潜力，但它们对于社会来说，具有长远价值，这些价值可能会延时体现出来。如何在吸引眼球与承担社会责任之间做出平衡与选择，对于专业传播者来说是个考验。对于今天社会化媒体中各种传播者而言，同样如此。[1]

无论何时，带着百分百的诚意，对内容的深耕和思考都应该摆在传播者内心的首要位置。这场直播的成功是否有其中"小插曲"的作用我们不得而知，但更重要的是全体直播成员在直播开始前的全面准备和对直播脚本精益求精的打磨。从前期的踩点、预访、梳理资料，到彩排时和受访嘉宾的深入沟通，关于内容的每一个环节，直播主持人都要做到心中有数。而屏幕前主持人的谈笑风生，背后其实站着直播团队的"千军万马"。

新媒体传播呈现吸引力至上的传播原则。电视报道进入网络平台打破了线性单一的传播，不仅可以使人们任意选择内容随时进行观看，随手留言评论、反馈意见与建议，参与视频节目的点击率统计与热门排行榜，也可以更直观、更准确、更理性地显示出受众的收视趋势、偏向喜好与追求满足。[2]因

---

[1] 彭兰.网络传播概论［M］.5版.北京：中国人民大学出版社，2023：107.
[2] 王晓红，赵希婧.网络视频传播特性探析［J］.中国广播电视学刊，2009（5）：10-11.

此深入探讨网络视频传播的新特征,分析视频点击率所蕴藏的社会意义,无疑可为受众的使用动机与满意程度的研究提供新的视角;同时也为电视传播对人类心理与行为的效用分析提供参照,启发未来的电视报道。①

直播最后,我和冉帅一人一句,说起了快板:

这是有颜有智的富各庄,请您赶紧来观光。
科技小院是"智囊",里面装着菌菇棒。
黑木耳、榆黄菇,健康美味等您尝。
庭院经济走在前,村民增收把钱赚,小康生活笑开颜!

图13 2022年4月26日,"我为群众办实事"直播推广活动走进于家务回族乡富各庄村推广科技小院的榆黄菇。我和男主持人冉帅(左一)正在采访于家务回族乡富各庄村的第一书记许洁(中)。当天"北京通州发布"视频号"我为群众办实事"直播推广活动在线人数首次突破3万人,点赞达3.9万次。图片来源:通州融媒 毕银霞

---

① 王晓红,赵希婧.网络视频传播特性探析[J].中国广播电视学刊,2009(5):10-11.

图14 2022年3月4日,"我为群众办实事"直播推广活动走进宋庄镇向村陶艺,向广大网友推广用运河泥制作而成的陶艺作品和"大运河礼物"

八、新媒体系列短视频策划拍摄　不断推进主持人品牌队伍建设

主持人品牌队伍建设从某种意义上,关系着广播电视、网络视听媒体等在市场上的知名度、形象和声誉,可以通过节目播发、大型活动和项目运营等建立起来,旨在在消费者心中树立独特的形象,与竞争媒体区分开来,并培养受众对媒体产品的喜爱和忠诚度。

而IP[①],则是通过故事、角色、形象、版权、专利或其他形式展现的创意内容,具有潜在的商业价值。通过IP形象的塑造,媒体机构可以实现主持人的品牌差异化,让受众在芸芸众生中一眼就能认出他们

---

① IP,全称为Intellectual Property,即知识产权。

喜欢的、认同的，给他们留下深刻印象的主持人和他们所散发出的品牌效应，这种方式极大地提升了受众对品牌主持人所在平台的好感度和忠诚度。

去很多兄弟台、上级台参观时，我们总能看到主持人的形象照被悬挂在台内醒目的位置。如果你有机会去北京广播电视台的演播大楼，你一定能看到在一层化妆间的对面墙壁上，悬挂着一幅幅北京广播电视台主持人的形象照。那些老百姓熟悉喜爱的面孔出现在照片墙上，是主持人个人良好形象的展示，也是电视台的门面和品牌。

城市副中心建设让通州融媒和北京广播电视台有了更多业务交流的机会。有很长一段时间，通州电视台的《副中心新闻》是去北京广播电视台录制的。那个时候，我总能在化完妆走出化妆间时，第一时间看到很多北京广播电视台同行老师们的形象照。有时候，也会碰到台里举行晚会、庆典等活动，楼道里来来往往会有很多演出团体、学校师生，甚至是明星大咖，他们也同样是一走出化妆间，就能看到这些台内主持人精致好看的形象照。我心里想，这算不算北京广播电视台采用的一种性价比很高的宣传方式？

好的主持人应该天然是所在媒体平台的形象代言人，与平台在一定程度上相辅相成。在全媒体时代，对主持人进行品牌化经营，可以在提高主持人知名度的同时，在政策允许的前提下，让主持人实现品牌溢价，并为主持人所在平台转化更多品牌价值。以主持人品牌化经营为支撑，建立以主持人团队为创作主体、出镜主体、宣传主体的视频账号。通过关注热点、分析热点、传播热点，不断增强主持人团队账号影响力，培养适应新媒体传播特点及现状的主持人团队，打造"融媒明星"。

互联网语境下，传统媒体在新媒体的夹击之下日渐式微。内容的生产不再被某个大型机构和主流媒体占据。主流媒体如何在这样的形势下，重新找到自己的一席之地？媒介融合的确将媒体推向了一个全媒体的业务环境，竞争对手更为多样、市场更为复杂、传播平台更为多元，这要求媒体在新的环境里寻求自己新的定位与新的发展方向，也要求媒体针对不同平台制定不同的产品策略。[1]

大概是在新冠疫情期间，部门里的一些主持人向我疯狂推荐山东省日照市岚山区融媒体中心的官方抖音账号——潮起岚山，让我有时间一定要看一看人家的抖音。当时，潮起岚山的粉丝已经有472.8万，点赞量超1.6亿。我分析了下他们抖音账号的内容，不是仅局限于地方新闻，而是着眼全国，关注社会的方方面面。当时的内容涉及北京新冠疫情防控新闻发布会的节选、什么样的家庭孩子最幸福、人生智慧故事等，都是老百姓关注的热点、关心的民生实事，天南海北，形形色色。

从各种社交平台的热门内容来看，在社会化媒体中产生传播引爆力的话题，主要集中在公共性案件、与民族情感相关的事件、官员贪腐事件、名人动向、涉及公共道德与秩序的事件或话题、民生话题、教育问题、奇闻趣事、心灵鸡汤等。从话题属性来看，社会化媒体的热门话题常常具有击中公众敏感处或痛点、引发争议或冲突、传达某种价值观或生活方式、为用户做"代加工"、解决实际问题、满足人们的"八卦"心理、帮助人们解压等特点。[2]

作为主流媒体平台，在吸引受众注意力的同时承担好社会责任，做好主流舆论引导工作，对于我们的一线传播者来说是个挑战。通州融媒主持人制作的新媒体短视频作品，是不是也可以尝试关注以城市副中心为原点、辐射京津冀甚至全国的热点消息、民生关切、新闻事件呢？

---

[1] 彭兰.网络传播概论［M］.5版.北京：中国人民大学出版社，2023：271.
[2] 彭兰.网络传播概论［M］.5版.北京：中国人民大学出版社，2023：105-107.

从 2021 年起，通州融媒以主持人团队为试点，开始系统探索短视频拍摄工作。从最初把传统专题节目《身边》转化成新媒体小视频的尝试到拍摄制作"我为群众办实事"直播预告短视频；从"党史学习教育""书香副中心""云上招聘"等重要活动短视频的发布，到策划推出了"锦绣副中心　春色美如画""欢乐通州欢乐购　主播带你游通州""魅力副中心　带您来打卡""副中心探宝""运河岸边的家乡味""城市副中心主播说""七年蝶变　城市副中心的幸福生活——527特别报道""融媒新主播　国潮看运河"等多个系列短视频作品，再到通州融媒主持人明星IP"超帅兄弟"组合的横空出世，截至 2024 年，仅通州融媒播音主持管理部就发布短视频作品千余条，不断扩大了主持人的品牌影响力，为通州融媒提升主流媒体传播力、影响力、公信力助力。

《超级IP：互联网新物种方法论》中提到，超级IP最核心的是内容化特征和人格化属性，以及基于移动互联网语境下的可扩展性、可连接性、可转化性和可识别性。以碎片化传播为特征的网络信息爆炸时代，内容并非稀缺的存在；但优质而专业的内容，在臃肿而庞大的信息分母反证下，越发显得稀有和可贵，所以内容重新为王。[①]

让生产内容能够激发起广大受众尤其是网友的分享欲望，精心构建垂直化内容，使传播内容精准分发，吸引粉丝群体通过城市副中心官方媒体平台完成高效聚集，一直是通州融媒的媒体工作者们思考和探索的方向。而作为可能成为通州融媒超级IP重要表征的主持人群体，也一直在不断创新创作着一个又一个满怀诚意的新媒体作品。其中，有探索的热情，有执着的坚守，更有无所畏惧的前行。

---

① 吴声.超级IP：互联网新物种方法论［M］.北京：中信出版社，2016：51.

九、疫情之下"手举火炬者"勇往直前

有人说,新闻工作者是一群手举火炬走在路前面的人,见过路途崎岖也见过风光旖旎。他们周身被烤到炽热通红,但依然高举手中的火炬,让这光亮照得更远,照到更多人的身上。2022年,新冠疫情的阴霾仍然未散,但一批批"逆行者"依然义无反顾、冲锋在前。

2022年4月底,新一轮病毒来势汹汹。随着台里主持人所住的小区陆续收到被封控或管控的消息,办公室里的主持人一天天地减少,我的心一天天地往下沉,压力逐渐增加。台里的《副中心新闻》每天都要准时在转播完央视《新闻联播》之后播出,主持人无论如何都要守住主播台这片给大家播报最新信息的阵地,绝不能出现缺位的现象。那么怎么保证在如此特殊的时期主持人工作的正常运行呢?

在和中心领导请示后,我们紧急调度决定,小区还没有被封控的主持人们轮流值班,晚上住在台里,而身处封管控区的主持人们则开始拍摄一线抗击病毒及封管控区实时情况的短视频,在家自行用手机软件制作完成后,再通过聊天软件传输出来。

经过研讨,播音主持管理部与新媒体部、融媒采访部共同策划推出了"通州区融媒体中心记者管控区亲历实录"系列报道,以全程纪实、采访跟拍、记者手记等形式,反映封管控区内志愿者、社区工作人员、医务工作者们逆向而行的工作状态。

身处封管控区的主持人、出镜记者们主动申请,发挥党员先锋作用,就地转化为志愿者,在封管控区一线进行志愿服务活动,并日夜进行采访,为我们传递出一线实时的珍贵采访素材和新闻信息,组成了抗疫一线的"逆行主播团",以细腻敏感的第一视角、温暖向上的报道风格,制作完成了一个个感人肺腑又充满震撼力量的新闻作品。

那些不眠的日日夜夜，身处封管控区一线的主持人、出镜记者们，白天要完成繁忙的志愿服务工作，同时拍摄新闻素材。晚上九点下了志愿服务岗，脱去厚厚的防护服后就马不停蹄地开始剪辑当天拍摄的素材，制作成短视频。而中心负责审核短视频的各个部门、各级领导也同样度过了一个又一个不眠之夜。很多同事说，在拍摄过程中每当看到为了运送抗疫物资而负重前行的志愿者时，都忍不住掉下眼泪。而每一次，当新闻正在发生，我和我的同事们一起，以"手举火炬者"的姿态奋勇向前，带回最真实、最新鲜的新闻信息并准确播发的时候，我们的眼里同样满含热泪。因为我们对这片土地爱得深沉。

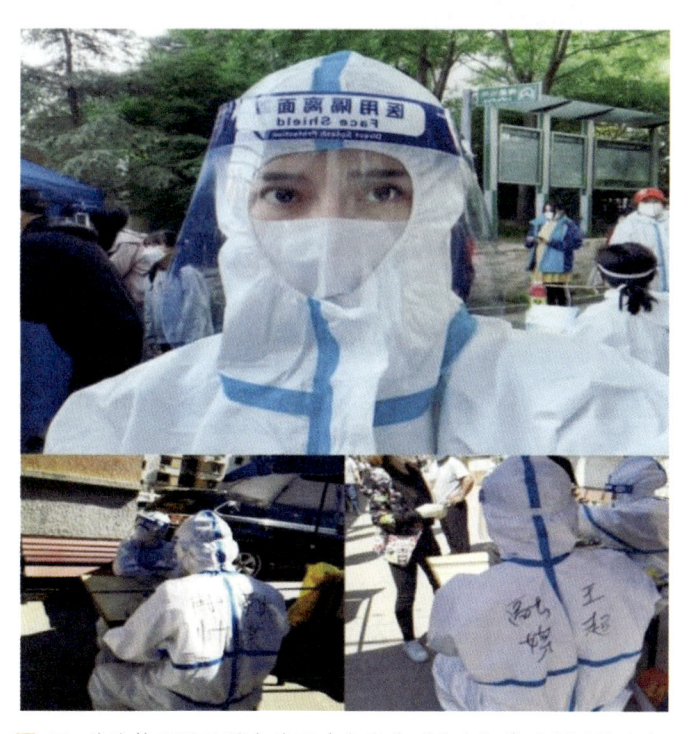

图15 从防护面罩后露出的眼睛和这些"大白"背后所写的名字，你能认出他们都是《副中心新闻》中哪位主播吗？上图：通州融媒主持人李佳桐；下图左：通州融媒主持人冉帅，下图右：通州融媒主持人王超

图16 主持人朱广帅说他挺幸运，所住的小区当时没被管控。为保证《副中心新闻》的播出，朱广帅和其他几位主持人轮流值班，晚上住在台里。头一回在办公室打地铺的他，显得还挺兴奋

那些日子，除了繁忙的工作，我的内心也常被焦虑的情绪围绕。不是工作产生畏难情绪，而是看到在封管控区内参与报道的同事们没日没夜地忙碌，我除了和他们通过网络电话联系沟通采访报道重点，晚上远程陪他们做片子、等着审片子，别的几乎帮不上什么忙。对于在本科期间学过四年新闻传播学、带着"铁肩担道义，妙手著文章"的座右铭毕业，又在新闻一线工作十余年的我来说，在这么重要、一线又急需人手的时刻，帮不上忙，实在是让人着急。

2022年5月5日晚上，我准备下班回家休息。那些天因为新冠疫情，我每天除了完成自己的播音业务工作，白天还要根据随时发生的状况，紧急调度部门主持人，晚上更要审片子到深夜，脑袋早就昏昏沉沉，想赶紧

回家补个觉第二天再战。

这个时候，手机响起。是当时北京广播电视台派驻通州融媒、时任《副中心新闻》主编黄亮老师的电话。"靖楠，明天做一条直播连线报道吧，在北京卫视《北京您早》发，我们给大家说说新冠疫情期间城市副中心的蔬菜保供情况。""明天一早吗？在北京卫视早高峰的黄金时段做一条直播连线？"我低头看看表，已经快晚上七点了。

明天一早直连的话，我需要现在就去蔬菜保供的小区踩点，提前了解现场情况，还要马上确定、联系第二天一早的采访对象，和相关部门沟通、了解政策，然后写稿子、梳理直播连线要说的内容。如果是平常的直播连线，介绍下路况、探访下公园，这些内容也还相对好准备，连线时根据现场情况，即兴口语表达也能说出个一二。但这是一条特殊时期要和大家准确介绍实际情况和政策的新闻，这样看，时间就真的有些紧张了。而且，连日来的持续工作，我此刻真的很想回家睡个觉，休息休息。但是转念一想，自本轮疫情发生以来，居民的食品物资供给牵动着太多人的心。这个时候，一条反映城市副中心蔬菜直通车进社区，探访百姓"菜篮子"是否供应充足、价格稳定，呼应民生关切的报道太重要了。这条新闻是一定要做的，而且需要争分夺秒地做。

黄亮老师安慰我："靖楠，你没问题的，我相信你。"

我也记不清，这是我从事自己的专业工作以来第几次咬牙坚持下来的工作了，但每次回头看都觉得值得。

于是，我马不停蹄地去现场了解情况，实地前期预访，沟通采访对象，回台里写稿子，背下重要信息。所有准备工作完成，已经是凌晨两点了。

5月6日清晨，当我和采访团队的同事们一起到达位于城市副中心潞源街道古月佳园社区的时候，天空下起了小雨。不久又刮起了大风，室外气温骤降，工作人员紧急在蔬菜供应网点搭建起防雨设施。我在绵绵细雨中，一手撑伞，一手拿着话筒，开始了直播连线的现场报道。

"现在我就来到了古月佳园社区门口，大家可以看到这个网点的蔬菜供应还是非常充足的。它被分成了很多个小的不同的区域，从镜头当中我们可以看到有蔬菜瓜果区，还有粮油区、肉蛋区。远处是刚刚增加的一些牛羊肉的区域。"因为现场情况一直有新的变化，除了事先准备好的内容，我又根据现场看到的情景为观众进行了即兴描述。

北京市通州区糖业烟酒有限责任公司副经理张洪瑞在接受采访的时候说："我们在保证蔬菜新鲜的同时，价格也基本和市场持平，甚至有的菜品还略低于市场价格，这也是为了稳定物价。而且现在我们的货源保障也比较充足，可以从各个方面尽量满足咱们百姓的需求。"

北京市通州商业资产运营集团有限公司党委副书记温大海说："4月26日起，通商集团先后在朗清园、怡佳家园、南街等六处设立了应急物资保障网点，调动了我们所有的运输车辆，日销售蔬菜15吨、水果4吨、粮油1吨，受到了百姓的欢迎，也在疫情防控期间持续保供稳价。"

一条争分夺秒完成的直播连线《蔬菜直通车进社区　城市副中心拎稳百姓"菜篮子"》，在特殊时期回应了老百姓最关切的问题。

回台里的路上，黄亮老师坐在副驾上，拿着手机，一边认真看着刚刚直播的回放，一边指着屏幕说："靖楠啊，你看你看，你这一段的采访很全面，那一段的表达真自然。"我暗暗笑他，投入得像个孩子，但又无比理解他。热爱新闻工作，热爱这份职业的人，不都是这个样子吗？不过，我后来看直播回放自己的表现时，觉得黄亮老师肯定是在和我客气。我的口语表达部分，有不少因为一时脑子转的速度跟不上嘴的表达速度而出现的"这个那个"的"水词"。如果当天睡眠再充足些、状态再好些，我觉得效果可能会更好。

图 17　2022 年 5 月 6 日清晨，我和北京卫视《北京您早》节目进行直播连线，对城市副中心一辆辆蔬菜直通车驶入各街道乡镇，拎稳百姓"菜篮子"的新闻进行报道。图片来源：北京卫视《北京您早》电视直播画面

那些日子，除了日常的业务工作，我们还有一项几乎成为常态化的工作，就是下沉乡镇、街道、社区，作为"大白"去支援防疫。

播音主持管理部的主持人都是年轻人，我当时算是部门里年纪最大的"80 后"，其余大部分主持人都是"90 后"，甚至是刚毕业的"95 后"。在这个特殊时期，扛起社会责任，责无旁贷。我和主持人们说："我们部门，下沉工作以'排班'进行，当下沉工作和业务工作发生冲突时，可以先自行换下班，换不开的，我来协调。"

令我感动的是，我们的主持人没有一个人提出困难，整个下沉工作中，也没有一个主持人需要我协调工作。所以，在这场在很多人记忆中都必将留下深刻印记的"抗疫"之旅中，通州融媒播音主持管理部的主持人全员下沉，让所有的经历成为日后重回主播台前，脚下的路和心里的光。

夏天下沉的日子最难熬。毒辣的太阳、厚厚的防护服、无数次的手消和扫描身份证、防护眼罩后的雾气、额头上流淌着像开了自来水龙头般的汗水，也没能阻挡大家的下沉工作。同事为了不让我中暑，不停地在我的防护服上喷洒酒精。那细密的液体，喷洒到身上的一瞬间，是沁人心脾的凉，然后又透过防护服，一点点地刺激皮肤，带来一丝丝的痛。我心想，我们只是一天支援几个小时，就感觉如此难熬，那些医务工作者和街道社区的工作人员得多辛苦。

于是，我们总是利用下沉工作的间隙和换岗休息的时间拍摄视频素材，回台里制作成短视频播出，以自己的切身体会和所见所闻，给奋战在一线的医务人员、街道社区的工作人员、广大市民，也给我们新媒体平台的粉丝们加油打气。

通州融媒的品牌系列短视频"城市副中心主播说"就是在这个特殊时期诞生并逐渐成熟的。主播们结合自己一线的下沉经历、感受，以及采访相关部门的专业人士，给大家宣传防疫知识、解读最新政策。以权威发布的方式，传递官方声音，回应社会关切。

图18 下沉期间，我也全副武装，做起了"大白"，为做核酸检测的居民扫描身份证

网络主播吗？不，我们是"官媒网红"

初夏时节的北京，气温已经飙升至35℃，我们要穿着防护服在烈日下站一天，脱下防护服的时候，从里到外衣服全都湿透了。有几次我发的朋友圈让我妈看到了，她唠叨我一整天要注意身体。我和我妈说，一点问题没有，放心吧，就当减肥了。后来，为了避免让我妈担心，我干脆在朋友圈把我妈分组了。

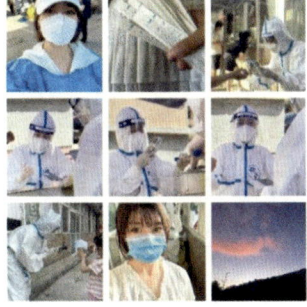

图19 初夏时节的北京，气温已经飙升至35℃，当了一天"大白"脱下防护服的时候，从里到外衣服全都湿透了。抬头看到粉蓝色的天空，心情很好，发个朋友圈给自己打打气

暑往寒来，2022年接近年底的时候，我们被安排到当时副中心区域内新冠疫情比较严峻的台湖镇进行下沉工作。这次和之前的下沉工作不同，我们要在台湖镇的小区门口检查来往人群。

那些天，陆续听到值守小区有人被确诊的消息，我们不敢懈怠，坚守在各自的工作点位。气候干冷，尽管浑身上下贴着暖宝宝，脚还是被冻得生疼。小区门口的保安大叔和我说："姑娘，你进保安亭里坐着，里面有电暖气。"

保安亭面积很小、很局促，我和同事进去，保安大叔就得出来。我们连说"不用不用"。保安大叔说："我们都习惯了，你们可不一样。再说，你们是来支援我们的。"那一刻，天很冷，但觉得人心真暖。那天集体乘车回台里的路上，我打开手机发了一条朋友圈：

  清冷的冬日清晨。一些"大白"在有序运送隔离人员的生活垃圾。如果不是他们身上穿着白色的防护服，从他们淡定又从容的样子，你几乎看不出他们刚从抗疫一线归来。头顶喜鹊飞过，嘴里衔着树枝，落在枝头忙着筑巢。阳光正好，守望相助，疫情快点过去，生活该有多美好。

2022年12月11日，我开始发烧了。发烧以后，我的第一个念头竟然是，台里女主播又少了一个，新闻咋办啊！但无论此刻我的内心戏多么丰富，我都不得不踏实回家休息了。

从回家休息的第一天开始，我就在想，不然做条短视频吧，记录自己生病到康复的全过程。等我七天后康复了，短视频发出来，可以给朋友们做参考，这样大家就不会那么紧张了。

按照每天不一样的病程和康复的过程记录怎么样？于是，《我们一起从"阳过"到"阳康"　通州融媒主播的一周抗病毒日记》短视频诞生了。

从"掷地有声"到"宝娟嗓"中间隔着一个"新冠"病毒。第一天，低烧37.3℃，轻微咳嗽，食欲不错；第二天，体温升高至38.3℃，咳嗽加剧，嗓子很疼，抗原阳性；第三天，体温恢复正常，正式进入"宝娟嗓"状态，小刀拉嗓子，也不忘以主持人的倔强给大家来一段"八百标兵奔北坡"的绕口令……第八天身体基本恢复正常，身体状态越来越好。还要呼吁大家，做好个人防护，不要大量囤药，不要过度焦虑。

在短视频结尾我说：

最后想和大家说一点儿感受。其实在三年的抗疫过程中，因为工作，我和我的同事们有机会去到城市副中心的各个街道乡镇进行采访。在那里我们看到了很多奋战在一线的抗疫志愿者、社区工作者、医务人员等等。他们真的是为了保护我们的健康，夜以继日地奋战在一线，非常辛苦。同时，我和我的同事们也有机会，下沉到乡镇街道社区，去做抗疫志愿者"大白"，我们也用我们自己手里的镜头和话筒，带回了很多感人的抗疫故事。我深刻地感受到，在三年的抗疫过程当中，我们的国家真的是为我们搭建起了一张特别庞大的同时又细微到每一个环节的防护网，把我们每个人都牢牢地保护在其中。抗疫进行到现在这个阶段，我们每个人都是自己健康的第一责任人，这个时候，我们每个人也不能掉链子，我们大家一定要携起手来，相信自己的抵抗力，相信官方权威发布，相信我们一定能够打赢这一场硬仗。

可能一场疫情让你觉得以前习以为常的太阳的东升西落是那么美好，亲人和朋友之间一个肆无忌惮的拥抱是那么难得，街道上曾经的车水马龙、人间烟火气是那么珍贵，而一碗温热的粥的味道、一杯清茶的味道也可以是人间至味，让我们能够更珍惜现在我们所拥有的一切。希望看到这条视频的朋友都能够顺利过关，也祝您和您的家人能够平安健康。让我们在《副中心新闻》中再见。

短视频的框架脉络清晰了，素材也几次撑着高烧中的身体录完了，然后就是漫长的剪辑过程。一条5分35秒的短视频，我断断续续剪辑了差不多两天一夜。为了赶进度尽快发布，其间几次因为身体还比较虚弱，从抱着手机坐着剪到躺下剪，感觉好些了就再坐起来剪。反反复复几个来回，短视频终于剪辑好了。赶紧发给主管领导审核。

领导在审完我的这条短视频后，和我说："挺好，挺感人的，赶紧发吧。"

特殊时期，这样一条来自"超一线"的我的沉浸式"打卡病毒"短视频，应该对当时处在紧张焦虑状态的人们来说，是有些许帮助或安慰的吧。如果有，我觉得之前种种都是值得的。

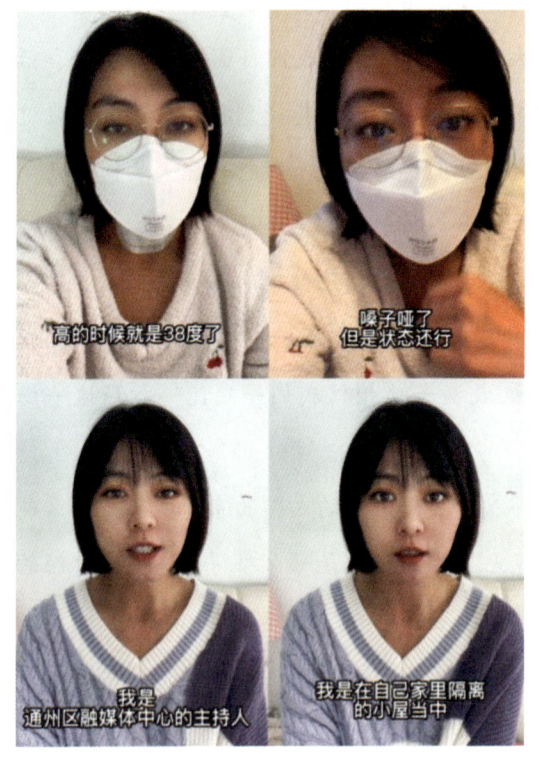

图20 我用短视频记录了我从"阳过"到"阳康"的全过程。上面是发烧、嗓子疼正难受的时候，下面是核酸检测结果"转阴"以后。图片来源："北京通州发布"视频号

台里的党组会是每周开一次的。"阳康"后，我回到台里上班，恰巧赶上一次党组会。开会的时候，咳嗽声四起，据说，好几位领导生病后只休息了三四天就回台里上班了。说到这里，相信很多同行会感同身受。干媒体的，地球不爆炸，我们不放假。但还是要祈祷，世界和平，大家都健健康康的，有事没事看看我们的《副中心新闻》，点赞关注转发我们的"北京通州发布"视频号，多好。

十、瓣瓣不同，瓣瓣同心

2014年2月26日，习近平总书记主持召开座谈会并发表重要讲话，专题听取京津冀协同发展工作汇报，明确传递出京津冀一张图规划、一盘棋建设、一体化发展的思维导向，将京津冀协同发展提升到重大国家战略的高度。关键处落子，一盘棋皆活。京津冀协同发展，自此开启了三地功能互补、错位发展、相辅相成的新征程。

2019年1月18日，在京津冀协同发展座谈会上，面对齐聚一堂的京津冀各地负责人，习近平总书记用形象的比喻深刻阐明三地关系，他说："京津冀如同一朵花上的花瓣，瓣瓣不同，却瓣瓣同心。"

2024年是京津冀协同发展上升为国家战略十周年。十年来，每一个生活在京津冀地区的人都能看到这片区域发生的喜人变化。

城市副中心是京津冀协同发展的桥头堡。通州区融媒体中心在织密京津冀协同报道网络上勇立潮头。在2023京津冀"协同·先行"主题论坛中，通州区融媒体中心与天津市武清区融媒体中心、河北省张家口广播电视台、河北省廊坊广播电视台、河北省香河县融媒体中心、河北省大厂回族自治县融媒体中心、河北省三河市融媒体中心进行了战略宣传合作签约，在推动三地"讲好京津冀协同发展故事"上，开展内容更深、范围更广、平台更多的宣传协作，为跨区域媒体融合积累经验。[1]

2023年7月，"瓣瓣同心"2023京津冀新闻栏目开播暨"大好河山张家口·魅力多彩冬奥城"张家口首届短视频大赛启帷盛典活动在河北省张家口广播电视台800平方米演播厅举行。我有机会跟随通州区融媒体中心的调研团队一行，去到河北省张家口市。不，确切地说，是回到张家口

---

[1] 陈施君.北京城市副中心媒体全面改版升级三周年 把副中心的声音传得更远更广更深［N］.北京城市副中心报，2023-10-19（1）.

市，我从小在那里长大的家乡。

我是河北省张家口市人。从小到大，都知道我的家乡三面环山，离首都北京有206公里的路程，是四线小城市到一线大城市的距离，也是梦想的距离。

我是"80后"，电视是我青少年时代最重要的获取外界信息和娱乐的设备。课余时间，守着电视看央视新闻频道的节目，主持人白岩松是我最喜欢的主持人。我记得1998年5月1日是《东方时空》开播五周年纪念日，栏目组准备给刚刚遭受地震灾害的张家口张北地区盖一所希望小学，为此拍摄的纪录片需要一首主题歌，而这首写给张家口偏远山区孩子们的歌的歌词，就是白岩松老师创作的。

第一次听到这首歌的时候，我觉得，这不只是一首唤起大家关注受灾地区孩子们的歌曲，更是身处大山深处孩子们的希望之歌。我至今还能记起大概的歌词，甚至可以哼唱出这首歌的旋律："在一个石头比土多的山冈，我和羊群走进天亮，山冈还那样冰凉，我却听到心中的声响，山的那一边究竟有没有阳光？……我能不能像鸟儿一样飞翔，看看世界原来真的不一样。"

是啊，山外面的世界，到底是什么样子的呢？从高中到大学，再到研究生毕业后在北京工作的十三年，从张家口到北京，这短短206公里的路程，我走了二十年。绿皮火车随岁月呼啸而去，每一次，都带走姥姥、妈妈火车站台上相送的哽咽和泪水。这二十年间，忙于学业和工作，我很少能有时间回家看看父母亲人。故乡从此是他乡。而这一次，能有机会随队回趟故乡，又是见证京津冀三地的协同发展成果，于我而言，意义非常。

临出发时，台领导和我说："此次张家口之行，随行人员有限，你除了调研，再带两条短视频回来。"

写稿子、出镜、剪辑这些我都没问题，本就是日常业务工作，但问题是我出镜的时候，谁给我拍呢？台领导说："政工科科长李跃拍吧。"此刻，你是不是会为李跃捏把汗：政工科科长还会干采编呢？各位，属实多虑了。李跃以前是我在新闻部的老搭档了，以前可是一个人拍摄、写稿子、剪辑的能手。

调研团队一行首先来到的是有中国万里长城四大关口之一称号的大境门。建于公元1644年的大境门古朴持重，镌刻着张家口大好河山的繁荣发展和变迁；檀邑溪谷的空山溪流，净透清澈，风景清幽；张库大道历史博物馆里的声声驼铃记录着"草原丝绸之路"的艰辛与壮阔；随后驱车赶往张北草原天路，看洁白的风车整齐转动，带起张北的风，点亮北京的灯；"天苍苍野茫茫，风吹草低见牛羊"的中都草原，21℃的风中有人们归田园居的理想……这还是我小时候记忆中的家乡吗？一切都还是在那里，但一切又都发生着翻天覆地的变化。

在深入推进京津冀协同发展的过程中，张家口市加快建设京张体育文化旅游带。自党的二十大以来，各行各业发展呈现新形象、新变化和新成果，将"冬奥之城"这张城市名片向更宽广的领域传播和推广，让"这么近、那么美，周末到河北"的文旅理念深入人心。

一路上走走看看，惊讶、赞叹、自豪之情叠加。我拿起手机，快速记录、拍摄、撰稿、剪辑。

七月中旬的中都草原早晚温差已经很大，当夕阳随着橙红色的余光渐渐埋在郁郁葱葱的草原里，气温开始快速下降到10℃左右。我在中都草原的蒙古包里裹着大棉被一直忙到凌晨，完成了此次张家口之行第一期短视频。兴奋之余，心里想：短视频的名字叫什么呢？

京津冀三地协同发展，受益最大的是百姓，感受最深的是人民。协同发展，并不是一场简单的"迎来送往"，而是需要经济、文化、民生、生态、体制机制等多方面齐心协力一起向前。随着一系列重点领域合作率先突破，公共服务领域共建共享进一步加快，人民群众享受到了越来越多的协同发展红利。资源共享、优势互补，手拉手，心连心，劲往一处使，这也正是京津冀协同发展"瓣瓣不同，却瓣瓣同心"的生动写照，凸显了人与人之间的心手相连、密切沟通。短视频的名字就叫《瓣瓣同心 我在张家口想念北京的你》吧。

这里必须夸一夸我的短视频拍摄搭子李跃。虽然他近几年忙于政工工作，对于业务工作少有接触，但这次给我拍摄的画面，却大都质量很高。尤其是在草原上拍摄的一组逆光视频素材，被很多同事、同行夸奖说好看。当然，我都和李跃说，主要是这模特真不赖。

"瓣瓣同心"2023京津冀新闻栏目开播仪式的地点在张家口广播电视台800平方米演播厅。而我的家，就在张家口广播电视台旁边的广电小区里，直线步行距离三分钟。

我爸退休前曾经是张家口广播电视台的员工。高考的时候，我爸总担心我考不上大学，把一份广播电视艺考的通知单拿给我说："同样的分数，走艺考的途径，起码能有个大学上。"我妈也劝我："对啊，你得先能有学上，毕业以后再等等张家口广播电视台的招聘。你好好准备，努努力，能考上个临时工也行，起码能自己挣钱养活自己。"

我确实如父母对我的了解一样，不是一个天资聪颖的孩子。别人说一遍就能理解很透彻的事情，我得琢磨一会儿才能明白。

不够聪明，就下笨功夫吧。我高考考了两年，以当年河北省高考录取本科一批B的成绩，考进了河北省的重点大学——河北大学的新闻传播学院。研究生我又"死磕"两年，考上了中国传媒大学播音主持艺术学院的广播电视语言传播专业。毕业后，经历了中央人民广播电台"中国之声"的实岗锻炼实习，在与中央人民广播电台的台聘失之交臂之后，兜兜转转，来到通州融媒，一干就是十三年。我妈现在还总是唠叨我："那会儿毕业回家乡来工作多好。张家口广播电视台离咱们家步行不到五分钟，你每天上班早上能多睡多久啊。每天回家有你爸和我给你做饭，想想都美。看看你现在，忙得天天点外卖！"

图 21　晓看天色暮看云。每一个风吹草长的日子，都是晴空丽日的欢喜。瓣瓣同心，我在张家口想念北京的你。图片来源："北京通州发布"视频号。拍摄：通州融媒　李跃

考研的日子很苦很慢，而现在，日子仿佛突然就变快了。不变的是，追求梦想的过程真美好。

那天，因为行程安排紧凑，参加完活动后，只有十几分钟的休息时间，就要和同事们集体乘车前往下一个调研点位——张家口市崇礼区。其间，我还要接受各平台记者的集中采访。当我快速接受完采访，刚刚好到出发时间，甚至没有多出一分钟。来不及换掉参加活动的西服，我就随大部队上了车。所以，就更谈不上回家看看了，尽管我的家距离我参加活动的地点，走路只有不到三分钟的路程。

坐在车上，发动机响起。我给我妈拨过去电话，说这次回张家口，行程紧张，来不及回家了。我妈说，没事的，工作重要。她和我爸都挺好，我 90 岁的姥姥身体也还好。

车窗两边熟悉又陌生的街道、人群、风景依次被甩到车尾。少小离

家，近乡情怯。想起自己二十年间回家的次数寥寥可数，父母亲人都在快速老去，一时间泪如雨下。又怕同事们看到怪尴尬，只能用拿着手机的手遮着半张脸，把脸仰起来，希望眼泪能赶快流回去。默默无语两眼泪，耳边传来李跃的说话声："咋啦？回北京给你高兴的，笑和哭似的。"一瞬间我破涕为笑。看看我同事安慰人的方式多奇妙。

马不停蹄赶赴位于张家口市崇礼区古杨树的国家跳台滑雪中心，感受2022年北京冬奥会跳台滑雪项目比赛竞赛场馆"雪如意"的魅力；去到四季如春的滑雪小镇，感受海拔2160米，夏天平均气温只有18℃的天然氧吧的凉爽；去到怀来县沙城镇，品一杯世界葡萄酒之窗酿出的浓香；去京津冀地区规划面积最大的国家级湿地公园——官厅水库国家湿地公园看山清水秀、碧波荡漾、荷花摇曳生姿。《瓣瓣同心　我在张家口想念北京的你》短视频第二期，也在这样紧张而充实的行程中完成了。

图22　上图：位于张家口市崇礼区古杨树的国家跳台滑雪中心；下图：京津冀地区规划面积最大的国家级湿地公园——官厅水库国家湿地公园。图片来源："北京通州发布"视频号。拍摄：通州融媒　李跃　赵志浩

回京的车行至高速路口，和张家口广播电视台的同行也是我家乡的父老乡亲们告别的时候，充满不舍又感慨万千。2019 年 12 月 30 日开通运营的京张高铁让张家口到北京的时间缩短到了 1 小时。又有多少像我一样的人，离梦想的距离又近了一步呢？"瓣瓣同心京津冀"，我该是感触最深的践行者、见证者了吧。

近年来，立足京津冀协同发展这一重大国家战略，通州区融媒体中心着力构建具有北京城市副中心特色的传播矩阵，加强跨区域协作、跨层级联动。与北京日报社、北京广播电视台深入合作，成立联合编辑部，实现市、区两级媒体新闻资源共享，采编力量共用，发布平台共通。

2023 年，通州融媒启动"行走京津冀"融媒采访活动，推出"行走京津冀"系列报道。截至 2023 年年底，通州区融媒体中心已与天津市武清区融媒体中心、河北省廊坊广播电视台、河北省香河县融媒体中心、雄安新区宣传网信局、河北省大厂回族自治县融媒体中心、天津市东丽区融媒体中心、河北省张家口广播电视台建立联系。2023 年 11 月，中心与天津市武清区融媒体中心、河北省廊坊广播电视台合作推出《"畅说"家乡事 "玩转"通武廊》全媒体品牌栏目。栏目以探访形式深入推介通州、武清、廊坊三地农商文旅体优质资源和品牌产品，向关注三地动态的观众讲述文旅故事，提升其整体对外知名度和影响力。

2024 年 2 月 26 日是京津冀协同发展十周年纪念日，以此次"瓣瓣同心"2023 京津冀新闻栏目开播仪式为契机和良好开端，通州区融媒体中心从平台融合、层级融合、区域融合等不同方向，持续探索媒体融合发展新路径。其中，播音员主持人队伍必将通过自己的专业优势和职业属性，凝聚各方共识，与三地媒体同仁一起，讲好协同发展的时代故事。

十一、对口支援之路　彰显拳拳为民情怀

广袤的赤城大地上,播种下的是我们对京津冀三地协同发展的美好希望,而辽阔的内蒙古草原、纯净的青藏高原、武当山的仙侠时光里,则饱含着我们对对口帮扶地区人民的拳拳之心和满腔热血。

2020年7月,通州区融媒体中心一行奔赴对口帮扶地区内蒙古翁牛特旗,对当地脱贫情况进行报道。主持人王超随队进行出镜报道。尽管长途跋涉、日夜奔波,每天的采访行程安排得非常紧张,有时遇到采访车辆坏在半路,一车人要窝在车里大半天,等维修师傅从很远的地方赶来。风

图23　2020年7月,通州区融媒体中心一行在内蒙古翁牛特旗进行报道

餐露宿，甚至连上厕所都成了难题……但王超说每当他采访时看到翁牛特旗在农业、产业、医疗、教育等各方面取得的发展成果，看到当地百姓身边发生的可喜变化，看到他们脸上洋溢的幸福笑容，就觉得，一切的辛苦都是值得的，作为一名媒体人的幸福感和荣誉感也油然而生。

2023年，主持人们接连参与了通州区融媒体中心赴武当山特区开展对口协作采风宣传，京藏、京蒙对口协作等活动，发布"问道武当""城市副中心主播说——共谋合作发展路，共话京藏两地情""京藏携手共赴美好未来，拉萨市城关区特色好物等您来""京蒙同心协作　特色好物云推介走进内蒙古奈曼旗"等系列短视频，并开展了"同心协作　共赏美景　北京城市副中心主播带你游武当""同心协作'京堰'全场　好物云推介　十堰市武当山当地特色产品来袭""京藏同心协作——圣洁雪域　高原优品　拉萨特色好物云推介""京蒙同心协作——沙海明珠　奇美奈曼　内蒙古奈曼旗特色好物云推介"等多场直播推介活动。一次次的对口协作工作让主持人们把辛勤工作的汗水和对职业的一腔热忱洒在祖国各地。

2023年5月，我和我的同事们来到了湖北省十堰市武当山特区进行对口帮扶。在这里，我们攀登了天下第一仙山武当山，品尝了武当养生美食，学习了武当功夫，体验了武当道医文化，也见证了北京和十堰以水为媒、因水结缘、协同发展的对口协作机制。我们作为记者，一直行走在路上，能见证城市副中心和对口帮扶地区的发展是一种幸福。也希望未来能有更多的机会，把副中心的故事、副中心的声音传到更多的地方，把两地的优质文旅资源和农副产品推介好！

——通州融媒主持人　冉帅

2023年9月，通州区融媒体中心赴内蒙古翁牛特旗、奈曼旗的对口支援帮扶单位进行为期一周的采访报道及直播推介。我同通州区融媒体中心的 16 名全媒体记者"组团"到奈曼旗采访，近距离感受京蒙协作以来乡村振兴工作中的帮扶成果。通州同内蒙古奈曼旗、翁牛特旗两地全领域、广覆盖、多层次的深化协作令我感慨不已。

一周的时间里，我在内蒙古翁牛特旗和奈曼旗分别参观了当地的融媒体中心，与当地媒体朋友就两地媒体业务进行深入交流，了解当地文化，参观当地特色企业，并同当地主持人共同完成了"京蒙同心协作——沙海明珠 奇美奈曼 内蒙古奈曼旗特色好物云推介"及"京蒙同心协作——龙凤之乡翁牛特 翁牛特旗特色好物云推介"两场直播推介活动，分别推介了两地精品旅游主题线路、特色文创产品、农副产品等，全方位展现了奈曼旗的风土人情、大美风光、名优特产及历史文化。

——通州融媒主持人 李佳桐

2023 年 10 月 24 日，我们抵达拉萨市城关区开始采访报道。本次出差我们主要集中报道了援藏设施建设、援藏干部的工作实际和城关区发展情况。本次采访报道让我深切感受到了援藏干部的奉献精神。他们在这里不仅要克服身体对环境不适应的问题，而且要想方设法发挥自身力量，努力将这里建设得更好。除此之外，连心桥、鲁固便民驿站、城关区第十小学的建设投用也让我们看到了"手拉手，心连心，京藏人民一家亲"的美好现状。

——通州融媒主持人 朱广帅

十二、短视频组合超级 IP 激发全媒体人才培养内生动力

党的二十大报告指出，加强全媒体传播体系建设，塑造主流舆论新格局。对应"四全"媒体建设，主持人队伍建设也要向全能型主持人团队迈

进。其中，不遗余力打造"融媒明星""官媒网红"，针对不同受众群体，提供个性化、精准化的产品和服务，打造各具特色的短视频组合超级IP，是通州融媒在新媒体发展探索路径中的创新性尝试。

给超级IP下个定义，就是有内容力和自流量的魅力人格。① 近两年，通州区融媒体中心始终聚焦内容生产能力的提升，打造了以"北京通州发布"为核心平台的短视频、网络直播、微短剧等新媒体传播矩阵，新媒体的传播力、引导力、影响力和公信力不断提高。

"北京通州发布"微信公众号于2016年11月正式上线运营，是城市副中心最权威的官方新媒体发布平台，截至2024年10月，拥有粉丝40.96万，常读用户比例达54%。粉丝除了包括通州区、北京市其他区县的市民，其中20%左右的粉丝来自河北、天津以及其他省市。

除了微信公众号，"北京通州发布"还运营微博、视频号、抖音号等5个平台。2023年1月至2024年9月，"北京通州发布"微信公众号共发布稿件4219条，总阅读量超3600万。截至2024年10月，"北京通州发布"新媒体矩阵的粉丝已近240万。

2022年，应该可以称为通州区融媒体中心的"短视频元年"。数据显示，2022年1月至2024年9月，通州融媒新媒体视频平台共播发短视频作品6098条，18294条次，总播放量超3亿次。

从2022年开始，通州区融媒体中心大幅增加原创短视频产品投放量。作为通州融媒短视频创作团队的生力军，主持人团队借助融媒体发展平台和团队优势，发展"现场出镜记者+融媒型主播"的全媒体人才队伍，在小屏传播领域持续深耕，制作出了大量有料有趣、打动人心、百姓喜闻乐见的系列短视频作品，牵头策划、出镜、拍摄、制作了"副中心生活图鉴""享

---

① 吴声.超级IP：互联网新物种方法论［M］.北京：中信出版社，2016：8.

趣通州""运河岸边的家乡味""品质生活　惠购通州""魅力副中心　带您来打卡""主播说节气""城市副中心主播说"等系列原创短视频作品。

　　作为全新的互联网方法，超级IP是这个时代的新场景。所谓万物有灵且美，就是超级IP作为个体化状态的崛起与自由表达。[①] 通州区融媒体中心的短视频创作团队在核心业务需求下，树立新视听媒体融合意识，积极创意创想、生产打造优质融媒体作品，营造出人人争当"UP主"的氛围。在探索短视频组合超级IP的过程中持续创新。打造出了"超帅兄弟""副中心探探团""摇号组合"等短视频组合超级IP，一经推出便收获大量粉丝喜爱，实现了一"出道"便"出圈"的传播效果。其中，主持人团队策划推出的明星主持人组合"超帅兄弟"、双女主系列短视频"融媒新主播　国潮看运河"、AI虚拟主播"融小超"、"城市副中心主播说"等形象及系列作品，使"通州融媒主播团队"形象深入人心，为不遗余力打造"官媒网红"持续发力。

十三、与短视频一起成长　更帅更自信的"超帅兄弟"

　　通州区融媒体中心的明星主持人组合"超帅兄弟"的出道和"副中心探探团"的良性刺激密不可分。"北京通州发布"视频号的真爱粉一定对"副中心探探团"不陌生。三位采访部女记者组成的报道团队，短视频拍摄内容涉及副中心发展建设中诸多热点新闻事件，表达自然流畅不做作，风格诙谐幽默、剪辑生动有网感，一"出道"就"出圈"的迅猛发展态势，一时间在城市副中心的短视频平台掀起一波关注热潮。

　　眼看同事如此优秀，一直在短视频领域探索发力的主持人们怎么能放弃成长和尝试呢？我把部门里两位男主持王超和朱广帅叫到办公室，一起

---

　　① 吴声.超级IP：互联网新物种方法论［M］.北京：中信出版社，2016：15.

商量对策。

这两位平时是拍摄短视频的老搭档,彼此熟悉,沟通顺畅,配合默契。王超性格内向,质朴沉稳,广帅性格活泼,搞怪幽默。用现在网络很流行的说法,这两位一个"I人",一个"E人",一位是"淡人",一位是"浓人"。短视频还没开拍,"反差萌"先有了。

我开门见山地说:"你俩也组个组合怎么样?"两位男主持反问我:"那我们的组合叫什么名字呢?"我说:"我们一起想想啊。你比如说,你俩一个王超,一个广帅,王超广帅王超广帅……"王超随口说:"超帅呗。"我和广帅异口同声:"对对,就是超帅!'超帅'组合!"我和广帅的热情激动此时更加衬托了王超的内向。王超犹犹豫豫地说:"啊?不要吧。我随口说说。自己说自己'超帅'多不好意思啊。"我说:"有什么不好意思的。你就说你俩帅不帅吧?你俩的组合就叫'超帅兄弟'吧。就这么定了,短视频明天就开始策划。"

"超帅兄弟"的首期短视频是2023全国电动冲浪板联赛(北京大运河站)的赛前探访。在微微细雨中,兄弟俩在一号码头以"72变什么样的变"的口诀中换装完成,下水亲身体验电动冲浪板运动的乐趣和魅力。

我在后来看到这条短视频的时候,都为这俩"旱鸭子"捏了把汗,心想,这俩人这次够拼的啊。和首次体验电动冲浪板运动一样,"超帅兄弟"也是首次和大家见面。我了解他们的拘谨和紧张,但也深深地为他们的自我突破感到欣喜。

个人品牌是我们给别人留下的整体印象,有核心价值、外表形象和文化特质三个维度。人们评价一个人就像评价一个产品一样。我们可以把自己当作一个产品来打造。①"超帅兄弟"的正式"出道",标志着通州区融媒

---

① 王一九.从0到1打造个人品牌[M].北京:电子工业出版社,2020:4.

体中心明星主持人组合打造的新开始，也是主持人个人品牌塑造从 0 到 1 的新跨越。

图 24　2023 年 7 月 14 日，"超帅兄弟"的首期短视频作品——《"超帅兄弟"带您体验电动冲浪板，让我们一起迎接 2023 全国电动冲浪板联赛（北京大运河站）》发布了。图中左边两位是主持人王超和朱广帅。如果你觉得他们此刻还不够帅，别担心，后面他俩就越来越帅了。图片来源："北京通州发布"视频号

　　2023 年 9 月 24 日，"超帅兄弟"参与了 2023 第二届北京城市副中心运河赛艇大师赛的系列报道，也迎来了他们组合的职业高光时刻，采访到了亚洲赛艇联合会名誉主席、万科公益基金会理事长王石先生。在短视频开场，王石和"超帅兄弟"一起念出了大家耳熟能详的城市副中心运动口号"通通来运动　一起向未来"。绿水青山，民生相通，在大运河畔燃情开场的赛艇比赛向世界人民呈现了一个蓝绿交织、水城共融的城市副中心新貌。

　　报道 2024 年全国"行走大运河"全民健身健步走活动、首届大运河国际帆船赛暨京津冀帆船赛暨通州青少年帆船赛及 2024 年北京市端午龙舟大赛等一系列重要赛事，打卡三大文化设施、台湖爵士音乐节，探访高

考考点准备情况……从城市副中心的标志性活动到社会关切、热点新闻、美食美景，都是"超帅兄弟"报道的重点。2023年是"超帅兄弟"异常忙碌的一年。作品高产、持续高效、探索高质，"超帅兄弟"逐渐成熟成长起来。他们终于从一开始"成团"时的缺乏自信、无人知晓，到后来受到了越来越多观众的喜爱，他们俩在视频作品中也表现得愈发自信了。对我们来说，最开心和最安慰的一件事情就是，城市副中心很多单位搞活动时，都会来找"超帅"约稿。有几次我外出开会，碰到其他单位负责宣传的工作人员，还特意和我说："你们那俩主持人小伙子挺有意思啊。让他们给我们也做条短视频吧。"

图25 2023年9月24日，"超帅兄弟"在2023第二届北京城市副中心运河赛艇大师赛中采访了亚洲赛艇联合会名誉主席、万科公益基金会理事长王石先生。看上去，两兄弟更帅更自信了，有没有？图片来源："北京通州发布"视频号

有时候，区里活动比较多，"超帅"的工作经常连轴转。做完一条短视频，半夜发到部门群里喊我审阅，第二天一早又马不停蹄地去拍摄下一条短视频了。很辛苦。但我相信，他们累并快乐着。有时候市区、高校领导、合作单位的负责人来台里参观调研，"超帅兄弟"找到机会还会很积

极热情地和各位领导及媒体同仁自我推介："'超帅兄弟'您听说过吗？看过我们的节目吗？我们就是'超帅兄弟'！"在大家的笑声和肯定声中，"超帅"好像终于在主持人团队品牌推广和个人 IP 塑造上，迈出了小小的一步。

十四、各美其美——双女主系列短视频"融媒新主播 国潮看运河"

两位男主持人的组合挺成功，女主持人也不能落后吧？我又开始琢磨，要不要出个双女主的系列短视频。此时，国潮正当红。我找到部门里的女主持人刘小辉，又开始和她商量"打败""超帅兄弟"的对策。

"小辉，马上就要迎来大运河申遗成功十周年了，我们常做城市副中心有趣好玩的网红打卡地的短视频，这次能不能一起探访下运河两岸有历史文化底蕴或是能够彰显城市发展脉络、成果的建筑或者景区？"小辉说："可以啊，但是我们不能和'超帅'重复，刚出两个男生组合，就出两个女生组合吗？"

"不，这次的系列短视频我们不以'人物'IP 打造为主线，以'垂直内容＋统一形式'的 IP 打造为主线。内容和形式确定好，以后出镜者、参与者、呈现者都可以换。这次是我们俩，以后可以换其他人。关键是把具有特色的内容和形式确定下来。比如说，现在新国潮挺流行的，我们能不能在短视频中融入国潮元素，这样内容有运河文化的历史厚重感，形式上有国潮风的时尚感和艺术美感，观众喜欢的，我们一次性都给他们。"

"小石姐，按照你说的这些，我们可以先确定一个探访的点位，我先试着去出一期稿子，尽量实现你说的这些效果。那我们的短视频开头怎么说呢？比如人家'超帅'一出来就说我们是'超帅兄弟'，咱俩说什么呢？"

"'运河+国潮',我们需要再有些创新,不只是内容上的创新,主持人的出镜状态也要有所创新。既然是系列短视频的口号,还必须朗朗上口。我们一起想想……"

我和小辉一边琢磨,一边嘴里不住地嘟囔,她说一句,我说一句,她一会儿蹦出一个想法,我一会儿又有了新的想法。我拿起一支笔和手边的一张旧报纸,在上面勾勾画画几次,然后确定了两句话,递给小辉。

"'融媒新主播 国潮看运河',就叫这个吧。"

我担心小辉觉得我年纪大,而且在融媒体工作十几年,也实在算不上"新主播",又接了一句:"无论在一个行业工作多久,也要有找到新方向再出发的勇气和不断创新的动力,于我而言,'新'是一种态度和诚意。"

为了拍摄这次新构想的系列短视频,我和小辉购置了两套新中式风格的衣服,还买了几把当道具用的扇子。为了省钱,请我的同事——新媒体部的李艳波老师给我们题写了带有短视频口号的扇面。

艳波老师除了是很有经验的新媒体编辑,还是简牍书法的传承弟子,写得一手好字。有这样得天独厚的优势,必须用起来啊。以至于我们部门的主持人后来拍摄短视频,要用到扇子、对联、福字这些道具的时候,都去找艳波老师题字。借此机会,向艳波老师的幕后付出和默默陪伴表示感谢,也期待艳波老师能有更多题字出现在我们的短视频节目中。

"融媒新主播 国潮看运河"系列短视频的第一期探访地点,小辉和我商量后,选在了大运河文化旅游景区北区的三庙一塔、葫芦湖、大光楼等城市副中心的标志性景点。

在三庙一塔景区,代表儒家的文庙、代表道家的紫清宫和代表佛家的佑胜教寺完美地融合在一起,充分体现着大运河文化的包容性以及开放性。与杭州六和塔、扬州文峰塔、临清舍利塔并称运河沿岸四大名塔的燃灯塔,自古以来就是通州的地标性建筑。因为燃灯塔高耸入云,所以被古人称为"古塔凌云"。

我和小辉站在距今已有一千四百多年历史、古朴庄严的燃灯塔下，和塔上 2248 枚随风摇曳发出清脆声响的铜铃一起，将千百年的漕运历史娓娓道来。

"云光水色潞河秋，满径槐花感旧游。无恙蒲帆新雨后，一支塔影认通州。"很多人通过清代诗人王维珍的这首诗认识了通州。在历史上，通州漕运盛极一时，每年有上万艘船只在运河边装卸，形成了通州八景之一"万舟骈集"。古老的牌楼、沧桑的驿站，是历史的遗存，也是千年前运河漕运盛况的忠实记录者。古时，各种物资顺着大运河由南方运往京城，通州燃灯塔就是船夫心中回家的路标。南来北往、一路长途奔波的船工舟客一看到燃灯塔，就知道回家了。塔如老人，见证悠悠运河水流淌浓浓民族血脉、沉淀几千年文明。

2017 年 6 月，习近平总书记对建设大运河文化带作出重要指示："大运河是祖先留给我们的宝贵遗产，是流动的文化，要统筹保护好、传承好、利用好。"2021 年 6 月 26 日，大运河北京段 40 公里河道正式旅游通航，2022 年 6 月 24 日，京杭大运河京冀段 62 公里河道实现全线通航。京杭大运河作为世界上开凿最早、规模最大、里程最长的人工水道，是古代劳动人民改造山河的伟大工程，承载着中华民族发展的历史厚度与宽度，是中华文明的重要标志。申遗十年，通航千载。横贯南北的运河水记录着沿岸劳动人民回家的路。2024 年 5 月 1 日，城市副中心开通了"一巴士、一夜航、两日航"四条路线，不断丰富着旅游通航的新发展格局。

近年来，通州区坚持把大运河文化带作为承接环球主题公园外溢旅游需求的重要载体，以创建国家 5A 级旅游景区、推动大运河京冀游船互联互通为契机，以"三庙一塔"为起点，以运河文化为内核，有机串联运河商务区、城市绿心森林公园及三大文化设施，构建大运河生态文化景观廊道，打造与环球影城相媲美的中国文化世界品牌。对大运河文化带的规划建设，是城市副中心高质量发展建设的生动体现，而千年流淌的大运河也必将在京津冀协同发展的画板上，描画出浓墨重彩的新画卷。

在2024年京津冀协同发展十周年即将来临之际，备受世界瞩目的北京城市副中心三大文化设施——北京艺术中心、北京城市图书馆、北京大运河博物馆，也于2023年12月27日起对公众开放。它们是落实习近平总书记视察北京重要讲话精神和京津冀协同发展国家战略的具体体现，是落实首都城市战略定位和服务社会主义文化强国建设的重要举措，也是大力推进全国文化中心建设和北京城市副中心建设的生动实践。

图26 我和主持人刘小辉（右）手持由李艳波老师题字的扇子，完成了"融媒新主播 国潮看运河"的首期短视频。注意看，扇面上还有艳波老师的署名。后来艳波老师说，让我把视频原件给她留着，她以后可以拿着这期视频出去卖扇子了。图片来源："北京通州发布"视频号

2023年年底，三大文化设施即将对公众盛装启幕之际，我和主持人刘小辉决定，我们的"融媒新主播　国潮看运河"系列短视频要做一期关于探访城市副中心三大文化设施的作品。

我和小辉商量，这次的出镜造型可以跟一下网络热点，尝试下马面裙。有数据显示，龙年春节，马面裙成为线上线下同步热销的爆款服装单品。在年轻人喜欢的短视频和自媒体平台上，马面裙已然成为流量密码，成为中国文化出海的一个典型案例。

国潮的背后是文化自信。数字化浪潮在参与和改变青年人生活方式的同时，也找到了让网生代与传统文化亲密接触的有效路径。而新媒体时代，传统文化元素与网络传播方式互相赋能，推动了"国潮"成功破圈。"国潮"的兴起，彰显了网生代青年群体在数字生活中拥抱传统、从文化自信步入文化自觉的过程。

在我和小辉从网上订购的马面裙快递刚刚收到的第二天，也就是2023年12月11日，城市副中心迎来这个冬天的第一场雪。

一大早起床，我拉开窗帘一看，天地间雪白一片。我突发奇想：不如去大运河文化旅游景区拍摄初雪？拿起电话打给小辉。小辉在电话那头仿佛还有睡意："姐，我的马面裙快递还没拆呢。"我说："现在拆。"小辉依然语气为难："今天碰巧身体不舒服，下午还有新闻班，上午刚想休息一会儿来着。"此刻的我，也颇有于心不忍的感觉，而且我也刚刚结束一场重感冒，又断断续续咳嗽了近一个月，大雪纷飞中去拍摄，对我们两个目前羸弱的身体确实是个挑战。而且我俩过两天就要去拍摄三大文化设施正式对外开放前的探访，需要保存实力。小辉好像听出我在电话这头的迟疑，说了句："要拍也能拍，咱现在就收拾，赶紧到台里化妆，中午之前就拍完，不耽误我下午上新闻。"

在此，我总结出一个推进工作的好方法。如果你热爱工作的同事对于一项工作有迟疑，那么你就用工作本身来诱惑他。

紧接着，也是一个电话，叫上老搭档摄像韩强和新媒体部的王航一起拍摄，部门的主持人朱广帅当摄影助理，我们的临时短视频拍摄制作团队又"成团"了。在通州融媒工作的十三年间，有很多时候我都很庆幸，我有这么几位能够一拍即合的工作伙伴。关键时刻能往上冲，临危受命的作品也能拿得出手。

清早，大运河文化旅游景区北区内昨夜下过的雪还未有一点消融的痕迹。青砖红墙与白雪互相映衬，树梢上残存的积雪随风飘洒，古建筑与皑皑白雪浑然一色，美如诗画。小辉最后剪辑这条短视频的时候，配乐用的是《发如雪》。

"你发如雪凄美了离别，我焚香感动了谁，邀明月让回忆皎洁，爱在月光下完美，你发如雪纷飞了眼泪，我等待苍老了谁，红尘醉微醺的岁月，我用无悔刻永世爱你的碑。"白雪纷飞，打湿三千发丝；曲调悠扬，彰显古刹之美。

图27　我和主持人刘小辉在大运河文化旅游景区北区邂逅城市副中心冬日初雪。这条短视频清晨拍摄，当天下午发布，获得了网友们广泛的关注和好评。图片来源："北京通州发布"视频号

和美丽意境形成强烈反差的是我和小辉的狼狈。走路一步一滑、跌跌跄跄，瑟瑟发抖还要做出自然又松弛的表情。拍摄期间，因为需要有雪花飘落洒在我们身上的场景，营造唯美的氛围感，于是委托临时摄助朱广帅负责撒雪。开始几次还算正常，几个来回下来，广帅同学就开始玩心四起，专门往摄像的头顶上撒雪。摄像越拍越觉得不对劲，怎么感觉头顶越来越冷，拿手一摸，头发都湿透了。后来广帅干脆捏起硕大的雪球，欢快地朝摄像身上扔去，玩起了打雪仗的游戏。寒冷的冬日清晨，因为有了活泼闹腾的气氛组，而变得没那么冷了。

这条名为《副中心初雪浪漫来袭，来大运河文化旅游景区邂逅冬日美景》的短视频清晨拍摄，当天下午发布，获得了"北京通州发布"视频号粉丝们的广泛关注和好评。

图28 镜头前有多美好，镜头后就有多狼狈。气温太低，衣服单薄，我和小辉只能抱团取暖。这张照片把我们俩拍成了"霍比特人"。图片来源：通州融媒主持人 朱广帅

城市副中心三大文化设施正式对外开放的时间是 2023 年 12 月 27 日，所以留给我和小辉提前探访并进行剪辑的时间并不多。我们休整了两天就马不停蹄地赶往城市绿心森林公园的三大文化设施开始拍摄了。

拍摄当天大风四起，气温骤降，前些天的初雪还未融化。由于还未正式对外开放，这里还鲜有人来。三大文化设施外，广阔的空地上依然白雪皑皑。北京艺术中心、北京城市图书馆、北京大运河博物馆庄重瑰丽，以贯通古今的姿态在雪中静静矗立，别有一番清丽之美。摄像王治家说："这画面拍起来应该挺好看，只是你俩穿着单薄，有些受罪。你俩准备好，我们争取每条出镜都是一遍过。"

但我深知，一遍过，大体上可能也只是美好的期望。作为台内的资深摄像，治家对画面的把控精准，但也对自己拍摄的画面极为负责，如果拍出来的画面不好看，效果不达标，不用我们提要求，治家也会自己重新拍摄。作为整条短视频的编导兼撰稿，小辉对自己的作品也有着创作者的执着。一个画面，一种表达，如果我有不同意见，只要不是原则性问题，通常和小辉探讨后，最终还是会尊重小辉的意见。我也知道，不需要我多说什么，小辉对工作和作品同样有着自己的要求和标准。

为了一气呵成，我们决定，先拍完所有室外的画面，再去室内进行拍摄。而实际情况如我所料，很多画面由于大家精益求精，拍摄了很多条才算过。

当天室外的气温一直处于 0℃ 以下。有一个镜头，为了拍摄到三大文化设施的全景，我们登上一栋建筑的高处，在室外进行拍摄。这里可以俯瞰三大文化设施的全貌，但处于风口位置。呼呼的风夹杂着细小的雪片冰晶，吹起我和小辉的马面裙。摄像治家说："这个画面好看，我们就在这里录开场，你俩坚持一下，风一来你俩就开始说。"我和小辉就这样站在雪中，等风来。

尽管身上及手脚已经冻到麻木，还是要在摄像说"开始"后，迅速进入状态，开始说短视频的开场词。我和小辉面对面微笑，你一句我一句地说完自己要表达的内容。我清楚地看到，由于过于寒冷，小辉说话时嘴唇在微微颤抖。我们努力控制着生理上的寒冷感，尽量把最好的状态呈现在镜头前。开场这个画面，摄像和我们都很满意。

图 29　我和小辉在雪中完成三大文化设施探访短视频的开场环节录制。这里处于风口位置。呼呼的风夹杂着细小的雪片冰晶，吹起我和小辉的马面裙。能看出来我们其实已经浑身发抖，冻到五官麻木了吗？那些天，我重感冒刚好，咳嗽未愈，个别发音还有浓重的鼻音，不知道有没有被网友们发现。图片来源："北京通州发布"视频号

三大文化设施探访的第一站是从外立面看形状很像扬帆航船的北京艺术中心。它的设计理念来自通州的古粮仓和运河上的船帆，所以也被称为"文化粮仓"。北京艺术中心由戏剧场、歌剧院、音乐厅和室外剧场组成，是一座集演艺演出、艺术创作、艺术教育、现场体验等功能于一体的艺术殿堂。

第二站是北京城市图书馆。它的外观方方正正，设计元素源自中国传统文化符号的"赤印"。城市副中心的规划建设及三大文化设施的如期落成，让这枚印章落印在城市绿心的画卷之上，象征着建筑与环境的和谐共生。

沿着一条古朴的木栈道蜿蜒曲行拾级而上，就来到了我们此行探访的

第三站——北京大运河博物馆。这里的设计理念源于古运河图景当中的船、帆、水等元素。而此时，这座屹立于城市森林中的"运河之舟"正静待扬帆，等待着 12 月 27 日的盛装启航，和世界人民来一场跨越时空的会面。

翻开日历，2019 年 10 月 28 日三大文化设施正式开工建设。仅用四年多的时间，就创造了难以置信的"副中心速度"和"副中心质量"。

我和小辉及各位同事第一时间前往三大文化设施，在其正式对外开放前进行一站式探访报道，成功抢占信息发布先机。内容从设计理念到重要内涵，将三大文化设施的独具匠心展现得淋漓尽致，用国潮服饰彰显大运河意蕴，在现代化的建筑里给观众带来跨越历史时空的厚重感和文化感染力。

这条短视频在北京日报 APP、北京日报客户端"北京号"、"北京通州发布"视频号、抖音号、快手号、大运通州网等平台同步发布，播放量过千万，被网友和众多自媒体、机构账号热评并转发，让市民朋友和海内外游客跟着我们的镜头，在正式开馆之前，提前沉浸式云游三大文化设施，体现城市副中心的开放与包容，展示了北京这座城市的深厚底蕴与无穷魅力，产生了良好的社会传播效果。

2023 年，《融媒新主播　国潮看运河：揭秘北京文化新地标"三大文化建筑"亮点抢先看》获得由北京市广播电视局颁发的 2023 年第四季度北京市优秀融媒体新闻作品奖，并获得北京市广播影视协会"2023 年度优秀广播电视节目"播音主持类一档。

十五、"城市副中心主播说"——以权威发布传递时代之声

"城市副中心主播说"是通州区融媒体中心于 2020 年推出的系列短视频栏目。内容密切关注社会热点，结合城市副中心重点工程建设、最新发生的重大新闻事件及民生关切等，发布权威解读，用通俗易懂的语言传递主流媒体声音，是广受副中心百姓喜爱的新媒体系列短视频之一。截至

2024年，城市副中心官方媒体平台"北京通州发布"视频号共发布"城市副中心主播说"系列短视频百余期。

大家都知道，我是总台的铁杆儿粉。在通州融媒还没开辟这个系列短视频专栏的时候，我常看中央广播电视总台新闻新媒体中心推出的一档短视频节目《主播说联播》。我想，北京城市副中心建设是千年大计、国家大事，受到全国乃至世界人民的关注。"副中心的事"要由身处"副中心的人"给大家以沉浸式视角来说一说。部门里的主持人恰巧都是《副中心新闻》的播音员，每天都要播读城市副中心的重要新闻和热点事件，同时，我们的主持人还承担着短视频拍摄、新闻采写等工作，对新闻事件应该有一定的敏感度和判断力，能在客观表达的过程中，加入权威媒体具有分寸感的态度。于是，以通州融媒的主持人团队为先行军，"城市副中心主播说"这档新闻新媒体系列短视频节目诞生了。

最初，这档节目在新冠病毒肆虐时，发挥了重要的权威发布作用。在新冠疫情发生后，通州区融媒体中心共推出"城市副中心主播说"疫情防控系列短视频41期。不仅及时地向受众传达疫情防控的最新政策，也为受众普及了疫情防控的相关方法和措施，倡导大家积极配合国家的疫情防控政策，以科学有效的手段来保障自己的生命健康安全。在全民抗击疫情的特殊时期，以权威发布的方式，传实声、稳民心，使广大人民群众众志成城、共克时艰。

《"城市副中心主播说"之"阳过"在康复之后需要注意什么？何时可以返岗？一份"阳康"指南送给您》这期内容回答了受众最关心的诸如"阳康"之后的用药指南、康复之后如何在家中进行彻底的消杀、身体在什么情况下可以返岗工作等问题，将专业性很强的政策文本变成了受众"一听即懂"的口语化表达，及时有效地通过官方渠道为受众答疑解惑。

其中《"城市副中心主播说"之与阳性人员擦肩而过，戴不戴口罩区别有多大？》这期短视频采用了"主播讲解+小短剧"的形式，形象地向受众展现了"戴口罩"做好防护的重要性。截至2023年3月，该短视频在通州发布视频号上转发量达4240次。

图30 新冠疫情期间，通州区融媒体中心推出视频《"城市副中心主播说"之"阳过"在康复之后需要注意什么？何时可以返岗？一份"阳康"指南送给您》。图片来源："北京通州发布"视频号

图31 新冠疫情期间，通州区融媒体中心推出视频《"城市副中心主播说"之与阳性人员擦肩而过，戴口罩和不戴口罩区别有多大？》。图片来源："北京通州发布"视频号

新冠疫情期间，"城市副中心主播说"系列短视频及时跟进新冠病毒的防控措施。在政策讲解、科学用药、出行建议、安全防护、心理疏导等各个方面展现出了通州区融媒体中心的高点站位、以人为本、

高效高质的媒介属性，体现了通州区官方媒体的社会责任与担当。在2022年度北京市区级融媒体中心收听收看优秀作品评选中，"城市副中心主播说"系列短视频由北京市广播电视局评为疫情防控宣传优秀作品。

"城市副中心主播说"系列短视频的创作主体是《副中心新闻》的主播，其权威性、重要性不言而喻。因此，我们在选题内容上严格把关，力求做到选题筛选精益求精，内容紧跟时事热点、民生关切。"两个数，主播带您读懂城市副中心未来产业发展方向""2024城市副中心再出发，向着高质量发展奔跑！""高考成绩0分？别慌，看完你就知道了！""春暖花开踏青时，花粉过敏怎么办？听专业医生来支招"等选题大到副中心建设发展方向，细微到百姓生活点滴指南。一系列"城市副中心主播说"权威短视频的发布，为做好舆论宣传工作，切实回答好北京市委"二十年之问"，深化落实区委"11311"工作体系要求，为把城市副中心建设成为中国式现代化进程中的城市发展样板，贡献出了官方媒体平台的一份力量。

2023年是全面贯彻落实党的二十大精神的开局之年，也是实施"十四五"规划承上启下、推动城市副中心开创新局面的关键一年。通州区聚焦"3+1"主导功能定位，重点培育和发展数字经济、现代金融、先进制造、商务服务、文化旅游、现代种业等6大重点产业，建设运河商务区、文化旅游区、张家湾设计小镇、台湖演艺小镇、宋庄艺术创意小镇、国家网络安全产业园（通州园）等十大重点功能区。着力打造具有副中心特色和核心竞争力的产业集群，努力构建与北京城市副中心主导功能定位相适应的现代产业体系。

在2022年7月26日，我和男主播冉帅以"喜迎二十大 聚焦城市副中心未来的发展变化"为切入点，以"两个数"为内容重点，带大家一起读懂城市副中心未来的产业发展方向。在这期短视频里，我和冉帅一起向大家简明扼要地介绍了城市副中心的"六大重点产业"及"十大重点产业功能区",向观众展现了为了形成城市副中心具有核心竞争力的产业集群,城市副中心出台的一系列利企利民的好政策。

图 32　在《"两个数"主播带您读懂城市副中心未来的产业发展方向》这期短视频里,我和主持人冉帅一起向大家介绍了城市副中心的"六大重点产业"及"十大重点产业功能区"。图片来源:"北京通州发布"视频号

此外,"城市副中心主播说"系列短视频跳出主播单纯表达的惯有方式,在形式上不断创新,力求表现形式多样化。系列短视频遵循新媒体用户体验感,加入了气泡字幕、与主题相符的生动贴纸、与内容一致的醒目标题化提炼,让受众可以一目了然地了解短视频的主要内容,在寓教于乐中传递社会热点信息、普及相关知识、回应民生关切。运用短视频这种传播范围广、可视性佳、交互性强、短小精炼的新媒体形式为受众提供服务,并

以通州官方媒体主播权威发布的形式持续扩大通州融媒的品牌影响力，传递时代之声，受到了社会各界的高度关注和一致好评。

十六、"主播说节气"——在四季流转里感受美丽诗意副中心

从中国特色的农事节气，到大道自然、天人合一的生态伦理，都是中华文化的鲜明标签，都承载着华夏文明生生不息的基因密码，彰显着中华民族的思想智慧和精神追求。二十四节气中，蕴藏着中华传统文化的智慧和精髓。

"主播说节气"系列短视频是2024年通州区融媒体中心根据新媒体短视频创作规律，遵循播音员主持人播音风格及角色定位，为主持人量身打造的系列短视频。此系列短视频以一年当中的二十四个节气为内容构架，以主播讲述和外景拍摄穿插进行的形式，展现不同传统节气的物候特征、民俗特色、内涵之美，于娓娓道来中展现城市副中心四季不同美景和中华民族传统文化的博大精深，于四季流转中让观众感受美丽诗意副中心。

跟着节气不紧不慢地过日子，我们终于能在忙碌的工作之余，在高楼林立、车水马龙的快节奏生活中，在碎片化信息占据我们绝大部分休闲时光的时候，静下心来，感悟春的温煦、夏的热烈、秋的澄澈和冬的肃穆。

在二十四节气七十二候文化体系中，包含着两类最主要的内容。一类是文人墨客的诗词歌赋，绚丽多姿、美不胜收；另一类是农谚，是丰富多彩、炙热生动的民间文学。一半是清风朗月，一半是烟火人间。

2024年，在每个传统节气到来的那一天，通州融媒的主持人们都会在"主播说节气"里与你相遇。你可以在古典诗文里听雪花飘落，闻自在飞花，看无边丝雨，感受每一个朴素日子的优雅和美好，也可以从淳朴诙谐的民谚中，感受古代先人的智慧与豁达。通过不到三分钟的

时间,在短视频的世界里,你仿佛能跨越时空的界限,看到大江南北顶天立地的中国人,看到勤劳耕种的老祖先。他们看着天时,守着农田,盘算着每一季每一月每一天甚至每一时的耕种,然后说出"立春一年端,种地早盘算""人勤地不懒,秋后粮仓满""人误地一天,地误人一年"的农谚,口口相传,让汗水混着泥土,开出活色生香的生命之花。

在对传统节气的深入探寻中,中国人的仁、义、礼、智、信归于日常,在日常的表象里找到生活智慧的审美意境,天人合一,四时顺焉。

图33 短视频《主播说节气——小满》。此条短视频由通州融媒主持人李佳桐制作。图片来源:"北京通州发布"视频号

在短视频《主播说节气——春分》中,我站在古香古色的石桥上和观众分享我喜爱的诗词:"在古代,天子择春分祭日,而诗人们则把最明媚的诗句都留给了春分。顾贞观说,在这一天要趁取春光,还留一半,莫负今朝。欧阳修则写,雨霁风光,春分天气。画梁新燕一双双。"告诉你我最新学习到的物候知识:春分日,劳动人民根据日复一日、年复一年的生活劳作经验,总结出了"春分三候"。一候玄鸟至:燕子从南方飞回北方,

近悦远来　心向往之——我在北京城市副中心当主播

开始新一年的生活；二候雷乃发声：春分后，天气逐渐转暖，雨水增多，雷声开始出现，阳气开始旺盛；三候始电：随着雨水增多，雷声和闪电也随之而来，春天的气息更加浓厚。通过对春分节气天文、气象、物候、文学作品、立蛋习俗等的描述，展现了一幅生机勃发、春意盎然的副中心春景图。

许久未制作短视频的我，在创作、剪辑这条《主播说节气——春分》的时候格外用心，当然也格外费时。一条三分钟的短视频，我整整剪辑了将近两天时间。每一个音乐的起伏都要符合画面的意境，衬托口语的表达、情感的抒发。画面和音乐都一帧一帧地进行调整、比对，达到我觉得满意的效果。

图34　很久不做短视频的我，在创作、剪辑这条《主播说节气——春分》的时候格外用心，当然也格外费时。一条三分钟的短视频，我剪辑了将近两天时间。注意看，这个扇面上的"春分"两字也是通州融媒新媒体部的李艳波老师题写的。图片来源："北京通州发布"视频号

每一期的"主播说节气"都是每一位参与其中的主持人的诚意之作。编导、出镜、剪辑一人完成。于润物无声间，在互联网海量的信息碰撞

中，安静又真诚地和我们的观众相遇，穿过浩瀚宇宙，携秋水揽星河，见人，见己，知生命，观宇宙。

图 35　短视频《主播说节气——夏至》。此条短视频由通州融媒主持人王超制作。图片来源："北京通州发布"视频号

十七、AI 虚拟主播"融小超"诞生记

2023 年 9 月 25 日，首届北京网络视听艺术大会在城市副中心举办。与此同时，通州区融媒体中心首个 AI 虚拟主播"融小超"也正式上线，首次与广大观众见面。

"融小超"利用预先构建的语音合成模型得到对应所述输入文本的语音序列，利用预先构建的生物状态合成模型得到对应所述输入文本的虚拟主播图像序列，两者同步叠加后得到虚拟主播音视频。利用语音合成、人脸建模、唇型预测等多项人工智能技术，实现了动态换脸和从文本到视频的自动播报输出。这款人工智能产品具备识稿、备稿、有节奏地发声及拟人形象，可以通过语音识别和模拟技术制作仿真个性化虚拟主播，针对不同场景和不同内容的要求，提供不同的虚拟声音，实现可以媲美真人的语音合成效果。

AI 虚拟主播"融小超"的原型，正是通州区融媒体中心为推广主持人品牌塑造和打造主持人个人 IP 推出的"超帅兄弟"组合中的主持人王超。

可能是日常工作过于忙碌，疏于对身材的管理，王超在录制 AI 融小超脚本数据的时候，已经开始有了发胖的趋势。他穿着西服，吸着肚子，坚持录完了近千句数字人算法训练用的脚本数据。

后来，每逢重大活动，节目设置让融小超和王超同时出现，要求王超穿上录制 AI 融小超脚本数据时所穿的西服时，他就很犯难。

很多线下活动，在"超帅兄弟"一起进行探访拍摄的时候，只要陈列展区有融小超的出现，广帅就会打趣王超说："你看看是融小超胖还是你胖啊？"我有时在部门例会上也会不时提醒主持人们要注意身材管理。于是王超下定决心开始减肥了。下班以后，单位的健身房经常能看到他"加班"健身的身影。

王超减肥成功后的第一件事，就是参与了《"寻找大运河"之离线 48 小时》系列微短剧的录制工作，在里面饰演男一号。

为了庆祝大运河申遗成功十周年，2024 年通州区融媒体中心推出了首部原创微短剧《"寻找大运河"之离线 48 小时》。这部系列微短剧作品以虚拟主播融小超穿越到现实世界，体验大运河岸边的不同美食、美景、人类情感为主线，共拍摄制作五集。该微短剧通过将北京城市副中心不同的标志性场景作为故事的发生地，推介了城市副中心代表性的文化旅游资

网络主播吗？不，我们是"官媒网红"

源，展现古今同辉的人文之城的历史文化发展现状和城市建设成果。运河边穿越时空喊起的船工号子，百年老字号的招牌美食小楼烧鲶鱼，宋庄镇浪漫的艺术展馆，是AI主播融小超眼中的城市副中心，也是主播王超工作十年耕耘的沃土。

图36 王超与AI版王超——"融小超"同框，为观众播报城市副中心最及时新闻的资讯。图片来源："北京通州发布"视频号

后来，我"采访"王超此次参演微短剧首当男主角的感受。他说："很尴尬。"是啊，王超一直将自己定位为I人。对他来说，这绝对是一次很大的突破。

"但真的很荣幸，能成为通州融媒首部原创出品的微短剧中的一员。通过自己的职业特点，助力城市副中心的宣传推广工作，让更多人通过微短剧了解副中心、走进副中心。"

我一直希望并真诚祝愿他，也祝福"超帅兄弟"能在通州融媒主持人品牌推广的道路上，打响主持人团队的第一枪。

095

十八、强化媒体传播矩阵　推进媒体向上跨级别深度融合

自 2020 年开始，通州区融媒体中心不遗余力构建城市副中心特色传播矩阵，向上跨级别深度融合；推进与北京日报社、北京广播电视台的深入合作；成立联合编辑部，每周召开编委会，集中统筹策划重点选题，实现市、区两级媒体新闻资源共享、采编力量共用、发布平台共通。

报纸方面：《北京城市副中心报》共四版，设有"北京城市副中心生机勃发""协同发展绘新篇""城韵"等专栏、专版。2022 年度总发行量 893.75 万份，2023 年度总发行量 922.58 万份。电视方面：与北京广播电视台新闻频道共同开设《北京城市副中心新闻》专栏，其中，2023 年，通州电视台《副中心新闻》发稿 3000 余篇，北京广播电视台《北京城市副中心新闻》发稿 800 余篇；在《新闻联播》及央视新闻发稿频次不断增加；在中央、市级媒体密集播发副中心建设成果的同时，还增加了与北京广播电视台《北京您早》《特别关注》等新闻栏目直播连线的频次。电台方面：与"北京城市广播副中心之声""京津冀之声"密切协作，相继共同开办了《副中心发展建设及时报》《副中心会客厅》《瓣瓣同心》等专栏，全媒体同频共振，以丰富的视听手段、表达方式展现高质量发展的"副中心实践经验"。

为适应全媒体人才培养，跟上通州融媒向上跨级别深度融合的发展步伐，通州融媒着力打造"一专多能"的主持人队伍。主持人以"团队化"模式牵头策划、主持了"新时代文明实践活动交通安全课堂"直播、《副中心会客厅》等品牌栏目，参与内容涉及节目策划、主持、现场导播切换、拍摄等，跨工种、跨专业，真正打造采编播合一的复合型、全媒型人才，为全媒体传播体系建设不遗余力贡献力量。

网络主播吗？不，我们是"官媒网红"

图37 担任导演、导播及摄像工作的主持人团队，他们也被很多同事戏称为"史上最靓幕后天团"

图38 通州融媒主持人与北京广播电视台主持人共同主持的《副中心会客厅》节目的录制现场

097

十九、"媒体+"力量　打造副中心高品质朋友圈

京津冀协同发展战略是一个重大国家战略。在媒体融合发展大背景下，进一步推动京津冀媒体更好承担新时代新的文化使命、赋能高质量发展，成为摆在京津冀三地新闻媒体面前的一道时代课题。在京津冀协同发展十周年来临之际，2023年年底，"'媒体+'力量　打造副中心高品质朋友圈　《副中心会客厅》京津冀协同传播暨品牌推介会"在北京国际财富中心举行。

活动中的一个重要环节是以签署合作备忘录的方式组建"京津冀联媒体"，融汇三地媒体资源，凝聚推进协同发展的共识与合力，助力京津冀区域高质量发展，将协同传播实践推向一个新阶段。

本次活动得到了北京广播电视台、北京商报社、北青网、京报网、通州区融媒体中心、延庆区融媒体中心、河北新闻广播、邢台广播电视台、雄安新区雄县融媒体中心等媒体的大力支持。按照中心工作安排，活动主持人由北京广播电视台的主持人白钢老师和我担任。

此处有个小插曲。在主持这场活动之前，在通州融媒举行的另一场主题活动也是由我主持的。当时，一直忙于部门工作的我许久未在大型活动公开场合进行主持。尽管有多年的主持及专业学习经验，并做了充分的准备，但真正开场的一瞬间，我还是紧张了。

我记得直到开场前的一分钟，出席嘉宾的名单和顺序还在更换，我甚至来不及用笔在主持手卡上写清楚字，就被导演催促着上台了。开场一大段口播中，包括被我手动修改得已经很难看清的出席单位和嘉宾名单。我尽量镇定播读，但还是能感觉到自己拿话筒的手开始颤抖，我赶紧用另一只拿着手卡的手抵住话筒，稍作缓解。但口播中还是出现了纰漏，在慌张中把一位平时很熟悉的嘉宾名字的最后一个字的字音读错了。我当时内心

的第一个反应是，不对啊，我怎么会在这里出现问题。但根本没有时间多想，只能继续照常进行下面的主持环节。好在后面主持一切顺利。因为是字音错误，所以现场很多观众都没听出来，但我知道，很多参会嘉宾是听得出来的。而且，在主持中，念错嘉宾名字，是大忌。我很懊恼，想着自己在担任通州区"两会"现场宣读工作时，曾经播读过那么多的参会人员的姓名，时时要求自己保持政治敏感性，怎么会在这样一场活动中，念错嘉宾名字。我当时觉得自己再无颜面对"江东父老"了。

作为本科新闻传播专业毕业，又在研究生阶段接受过很严格的播音员主持人职业素养训练，并且毕业后一直在官方媒体平台从事新闻传播工作的我来说，对于尊重新闻事实、尊重采访对象和受访嘉宾有着骨子里的坚持。不管大家听得出来听不出来，不管错误大小，我都应该进行深刻的自我反省。虽然大家都在提倡工作当中要避免内耗，但这件事情，我真心觉得，有必要让我自己耗一耗。

活动结束，我找到被我念错名字的嘉宾道歉。没想到这位嘉宾却笑着对我说："没关系的，这种实时直播的活动，有些纰漏难免的。而且现场活动，你当时不要再更正了，就应该往下进行下面的环节，除了认识我的人，其他人谁听得出来？不用往心里去。"

朋友们，你们能感受到我当时的心情吗？所谓春风化雨，不过如此。当事人的谅解，让当时的我自责的心情得到了一些缓解。但痛定思痛后，我觉得我的主持专业能力和业务能力，是真的需要改进提高了。下决心，以后绝不能以行政管理工作忙为借口，忽视业务工作锤炼。回去闭关修炼吧。

当我准备之后一段时间都老老实实面壁思过的时候，中心领导把我叫到办公室说："过些日子有一场京津冀三地媒体协同传播的品牌推介会，是北京广播电视台和北京日报客户端主办的，你去主持吧。男主持是北京广播电视台的主持人。"我当时心想:"what？who？why？"新闻采写的几要素在我脑子里蹦了一遍。面对我的惊讶，领导一如既往云淡风轻："你的业务能力也该练练了。"

是啊，从哪儿跌倒，就从哪儿爬起来。于是，打起精神，重整旗鼓，准备再战。

前面提到过，2023年，从七夕节"二阳"结束后，我的咳嗽就没断过。一波咳嗽没好，又感冒，接着咳。一直到2023年年底，我都在和顽固的咳嗽做斗争。但也奇怪，每次播新闻和主持，精神高度集中时，就不会咳，下了节目就继续咳。当我接到这场京津冀三地媒体协同传播的品牌推介会主持任务的时候，我的咳疾依然未愈。但没时间多想，这次一定要好好完成任务。

在活动开始的前一天晚上，我和活动的另一位主持人，来自北京广播电视台城市广播中心京津冀之声的主持人白钢老师一直彩排至深夜。主持词同样只是个初稿，还要调整很多，需要在第二天活动正式开始前才能确定。晚上彩排后回家，咳嗽更加剧烈，几乎是咳了一夜未睡。家人担心我的身体，建议我安排其他主持人去主持活动。可是活动在即，安排别人临时补位，无论是对活动主办方还是对其他主持人来说，都是不负责任的，况且，上次主持出现纰漏，这次我不能再掉链子了。

第二天一早来到活动现场，活动主办方——北京广播电视台的刘冰老师让工作人员把新定稿的主持手卡递给我，说："靖楠，你和白钢老师尽量全程脱稿，好不？相信你们没问题的。"这个时候，没有退路可言，我说："好的。"然后转身就找白钢老师取经去了。"白钢老师，主持词刚定，现在就要求脱稿，咱俩商量下怎么说吧？"白钢老师是北京广播电视台的资深广播播音员。他很淡定地和我说："没问题，让脱稿咱就脱。"好吧，兵来将挡，水来土掩。来不及做过多准备，我们顺了顺手卡上的词，出场音乐响起，我跟随着白钢老师的步伐一起上场了。

　　开场词中，简单说明活动主题后，白钢老师就开始了全程脱稿："今天，屋外寒风阵阵，但是我们活动现场却暖意融融。很高兴和大家相聚在这里……"我心想，这样的开场方式很巧妙啊。在白钢老师说到"北京城市副中心的美好给我和同事们留下了深刻的印象"的时候，我接了句："那欢迎您和同事们常来城市副中心做客。今天我们在这里欢聚一堂，看到很多京津冀三地媒体同行朋友以及他们优秀的新闻作品，其中也包括我们通州融媒小伙伴们的作品在这里呈现，作为身处北京城市副中心的通州区融媒体中心的一员，我的骄傲感、自豪感、归属感也油然而生。"我们的主持就这样以很轻松愉快的方式开始了。更为幸运的是，正式活动中，我一声没咳，圆满完成任务。

图39　"'媒体+'力量　打造副中心高品质朋友圈《副中心会客厅》京津冀协同传播暨品牌推介会"主持活动的现场。和有着丰富广播直播经验的白钢老师一起主持，我学习到很多。图片来源：活动官方发布

当然，在这场活动中，白钢老师在日常工作中练就的即兴口语表达的深厚功力，让整个主持过程流畅自然。和他一起主持，我整个人的状态也会放松很多。后来自我总结，在即兴口语表达的内容归纳提炼上，我还有很多需要提高的地方。

比如，在组织、串联节目组成部分的时候，所使用的串联语是本场活动中出现频率最高的内容。但无论出现在哪里，无论是叙述、说明还是点评，串联语通常是由某个人、某件事或某一点引发而来的。因此，要紧扣由头，见缝插针，抓住关键，具有较强的针对性。言之有物、言之有理、言之有情、言之有趣的话语，才能真正起到串联、提示、点染的作用。[①]

活动期间，虽然有几次我都察觉到蕴藏在现场语境中的有价值的信息，想借景生情，情生而"兴"发，有不吐不快的动机和愿望，但还是有想说的说不全面、说不精彩的情况出现。所以，无论工作多久，拥有多丰富的工作经验，在你多熟悉的领域中施展拳脚，对于播音主持的业务工作、对于新闻传播的相关工作，都要永存敬畏之心。逆水行舟，不进则退。我们要一直在看似平静的水域中保持前进姿态，才能保持住一以贯之的职业水准。

---

① 广播影视业务教育培训丛书编写组.广播电视播音主持业务［M］.北京：中国国际广播出版社，2005：56.

还记得为什么出发吗?当然。我有十年记者工作经历

我曾经看过一本由时任北京大学新闻与传播学院常务副院长、博士生导师徐泓教授编著的、纪念中央电视台高级记者陈虻的书《不要因为走得太远而忘记为什么出发》。作为中国电视纪录片里程碑性的人物之一,中国电视著名栏目《东方时空》的缔造者之一,陈虻曾提出"在飞速变化的社会背景下,实现人文关怀,为未来留下一部由小人物构成的历史",并确立"讲述老百姓自己的故事"的节目定位。中国电视史上家喻户晓的《感动中国》特别节目的创意也是陈虻提出的。

2008 年 12 月 23 日,陈虻因胃癌医治无效逝世,年仅 47 岁。

陈虻昔日的同事、好友、中央广播电视总台著名节目主持人白岩松在《不要因为走得太远而忘记为什么出发》这本书的序言中写道:"陈虻曾说,走得太远,别忘了当初为什么出发。二十年,纪念中,我们在众多文字与画面里,重

温了出发时的誓言，那么今天，或许该用另一行文字为未来画下起跑线：既然想起了当初为什么出发，那就别忘了继续赶路！这，才是纪念的全部意义。"①

十六年后，在2024年8月12日央视新闻频道特别企划的《奥运1+1》节目收官时，演播室主持人王春潇在连线第二现场的白岩松时问道："我们知道，从2000年悉尼奥运会开始，到2024年巴黎奥运会，你已经参与报道了24年的盛大的夏日嘉年华了，不知道你最大的感受是什么？更重要的是我们很想知道，有没有一种可能我们约定一下，洛杉矶奥运会？"

白岩松说："坦白说，我从1996年亚特兰大奥运会就开始报道了，8届奥运会，5次在现场，感慨非常深。1984年奥运会的时候我16岁，展望下一次洛杉矶奥运会的时候我60岁，人生很短，记忆很长，我们可能都是因为记忆、感受和生活体验才继续向前走……"

白岩松没有明确回应主持人王春潇的"洛杉矶之约"，而是在最后以一句"我该关掉话筒了，交给你"收尾，引发了很多网友的猜测。

一直向前继续走、不停赶路的白岩松，也要歇一歇了吗？我没有依据和立场去猜测什么。记起多年前，参加单位组织的业务培训，曾经回到母校中国传媒大学上过一堂白岩松老师的课。课上交流时，坐在后排的我问了白岩松老师一个问题：如果重新选择一次，您愿意是那个爱舒婷、爱摇滚的快乐青年，还是愿意仍然选择在重重压力之下，做出数不清的知名直播报道，成为十四亿中国人心目中偶像级的新闻评论员？岩松老师说："我回不去了。你看，我坐在这里，你看我在第一排，但以我的角度，你在第一排。前路很长，未来是你们的。"无论白岩松是否关掉话筒，在我眼里，他一直是那个年少轻狂时喜欢读朦胧诗、喜欢听摇滚乐、对新闻事业热爱且执着的白岩松，从未忘记为何出发，一直在"痛并快乐"的过程中，追寻着他想要的"幸福"。

今天，当我在入职通州融媒第十三个年头的时候，当我由于工作职责调

---

① 徐泓.不要因为走得太远而忘记为什么出发[M].北京：中国人民大学出版社，2012：8.

整，外出采访次数变得少了很多的时候，当我翻看电脑里的文件夹，找出我曾经采访后写出的一篇篇新闻稿件的时候，记忆仿佛被瞬间唤醒，那些采访对象鲜明又模糊的脸庞就这样生动地在我眼前出现。走了那么久，你们都还好吗？

2011年8月9日，中宣部、中央外宣办、国家广电总局、新闻出版总署、中国记协等五部门召开视频会议，对新闻战线开展"走基层、转作风、改文风"活动进行部署，号召各新闻单位工作人员在工作中深入基层、深入群众，体现人民群众的真实生活和情感需求。

一时间，全国新闻战线积极响应。从中央人民广播电台的"基层中国"到中央电视台的"走基层·蹲点日记""新春走基层"，从中央台到省级卫视直至地方媒体，越来越多关乎民生、关切民意的报道呈现在广大观众眼前、传递到亿万观众耳中和心里。

我曾经是一名新闻记者，做记者的十年间，我几乎跑遍了通州区所有的街道乡镇。在我的指间和笔下，记录了很多普通人的故事。时隔多年，当我在梳理这本书的文稿时，翻看曾经采访过的那些新闻稿件，仿佛翻开了一本尘封很久的书籍，那里面有别人的人生，也有我的执着和坚持。它们经历岁月，却历久弥新。那些新闻稿件映射出无数普通劳动者、创业者、建设者的美好心灵，也伴随城市副中心的发展和变迁，成为时代的记忆。

一、老兵不死，只要你我都还记得

党的十八大以来，习近平总书记通过看望抗战老兵及其遗属代表，关心关爱军转干部，创新安置工作机制，组建退役军人事务部，指示建立健全党和国家功勋荣誉表彰制度等多种形式和举措来表达对英雄的崇敬，号召全社会铭记历史，崇尚英雄。越来越多的人开始关注老兵群体，关爱为祖国抛头颅洒热血的英雄们。

而作为新闻宣传单位，通过一系列新闻报道的播发和活动的举办，可以向更广泛的受众，展现老兵故事，弘扬民族爱国主义精神，让优抚对象感受到来自党、政府和社会各界的温暖和关爱，让这些老兵的不朽功勋彪炳史册，让这些红色记忆永存人们心中。

对于老兵的关注，是一个系统性的工作，需要长期、持续性地报道。随着时间的推移，很多重要的历史见证者相继离世，对于他们的采访和报道，具有抢救性意义。

出于工作原因，我采访过很多老兵，其中包括参加过抗日战争、解放战争、抗美援朝战争的多位老兵。通过对老兵们的采访，以口述历史的形式，记录下他们征战沙场的峥嵘岁月和如今满头华发的老兵们的现状以及留在他们记忆深处、从不曾被遗忘的战争往事，并用摄像机镜头拍摄了老兵们的珍贵手稿、书信、军装、奖章等影像资料。这些珍贵的画面，时时警醒我们，牢记曾经的耻辱和苦难，珍惜现在的幸福生活。不忘来路，接续奋斗。

2024年9月29日上午10时，中华人民共和国国家勋章和国家荣誉称号颁授仪式在北京人民大会堂隆重举行。93岁高龄的"共和国勋章"获得者——革命老兵黄宗德发言时说："千千万万的革命英烈，为了民族独立、国家富强牺牲了自己的宝贵生命，他们是真正的英雄。今天这份崇高的荣誉同样属于他们。"在接受总台记者采访时，久经沙场的老兵黄宗德说，自己一想到老战友就哭，活着多幸福。黄宗德泪眼婆娑的讲述，把我的记忆带回到了曾经采访时的情景，让我想起我采访过的那些老兵。

1. 我见到了总书记——五位通州老兵的最高荣耀

2017年7月28日，在北京人民大会堂举行的"庆祝中国人民解放军建军90周年文艺晚会"上，来自通州区的五位老兵，受邀与中共中央总书记、国家主席、中央军委主席习近平等党和国家领导人一起，观看文艺演出，追忆峥嵘岁月。这成为五位已过耄耋之年的通州老兵的最高荣耀。

三天以后的2017年8月1日，当我走进通州区光荣院的时候，庆

"八一"座谈会上,几位穿着整齐军装的老兵正在和大家一起,重温那激动人心的荣耀时刻。而当天五位老兵之一的曹文贵由于身体不适,入院治疗,我没能见到他。

时间回到2017年7月28日19时55分。当欢快的迎宾曲响起,习近平等党和国家领导人步入大礼堂,与老战士、老同志代表和"八一勋章"获得者亲切握手并致以崇高敬意。老兵徐继东说,他当时激动得说不出一句话。

83岁的徐继东入伍时年仅14岁,在第四野战军四十八军一六一师直属三炮营任卫生员,参加过平津战役、渡江战役、淮海战役、南下剿匪等,作战英勇,立功数次。兵力不足时,担任卫生员的徐继东一样要冲上沙场、扛枪打仗。

徐继东说:"当年跟我一起战斗的战友很多都不在了。现在我还活着,国家还能这么关心关注我们,我感到很幸福。"

感受到幸福的不只老兵徐继东。老兵李玉和说,当天观看完文艺演出回到宿舍,差不多快十一点了。他和战友徐继东心里头那高兴劲儿,怎么说也说不完,直到凌晨两点还没睡着觉。

回到光荣院后,李玉和就把当天参加活动穿的军装整整齐齐地叠了起来,说要好好珍藏。采访时,87岁高龄的李玉和虽然很多字说得不是那么清晰,但仍然能够详细地和我描述出当时参加活动的场景。如同当年身着戎装,奋战沙场,一个军礼就是最高荣誉,一声来自首长的问候,就是最大奖赏。

1947年入伍的李玉和是第四野战军四十八军一四二师四二五团战士,1948年冬参加隆化战斗,立二等功。后南下剿匪,立三等功。这位从战争硝烟中走来,曾和董存瑞在一个连中负责弹药供给的老兵告诉记者,每个年代,军人们取得胜利都要付出巨大的代价。他感谢党和政府没有忘记他们这些老兵。自己活到87岁,是托党的福。

2017年,在通州区光荣院里,一共有老人31名,孤老优抚对象平均年龄达到 82 岁。他们大多参加过抗日战争、解放战争和抗美援朝战争。战争中，他们曾是撑起民族的脊梁，如今，硝烟已散，脱下军装的他们，始终不忘党恩。对于在北京人民大会堂见到习近平总书记的这次经历，老兵们当作是此生最大的荣耀和奖赏。

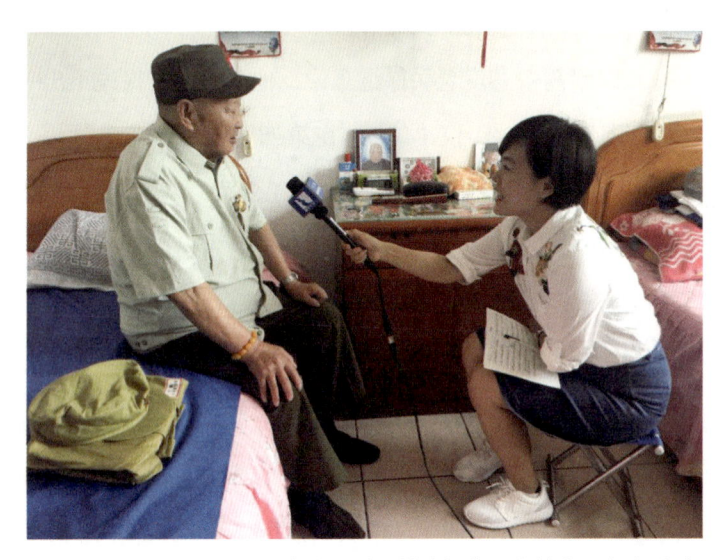

图 1 2017 年 8 月 1 日，我和通州融媒的摄像记者韩孝一起在通州区光荣院里，采访了三天前刚刚受到习近平总书记亲切接见的老兵李玉和。照片拍摄：通州融媒 韩孝

采访时，光荣院的工作人员告诉我，为了准备参加这次活动，两位原来有几十年烟龄的老兵来回两天愣是一根烟也没抽，大家都觉得这些老人太可爱了。

这些和平年代生活中可爱的老人，却是战争时期沙场上浴血奋战的勇士。几十年峥嵘岁月，老兵脸上的沟壑，是战争刻下的痕迹，胸前的勋章，彰显着不朽的军魂。采访中，爱唱革命爱国歌曲的李玉和和我说："我唱《二郎山》不错，《没有共产党就没有新中国》我也拿手，你们想听哪一首呢？"于是，李老就这样和我们哼唱起了一首又一首的军歌。

还记得为什么出发吗？当然。我有十年记者工作经历

图2　2017年7月28日，受邀与中共中央总书记、国家主席、中央军委主席习近平等党和国家领导人一起观看文艺演出的五位通州老兵的集体合影。照片中从左到右依次是张永利、曹文贵、徐继东、李玉和、刘学文。
图片来源："北京通州发布"公众号

当《没有共产党就没有新中国》的熟悉旋律被满面沧桑的老兵以并不清晰的声音唱出来的时候，包括我在内，在场的很多人都被深深地打动了。那种对厚重历史的敬畏、对曾经为我们幸福生活抛洒热血的老兵们的崇敬、对祖国的深沉情感，都在那一瞬间，被老兵朴实的歌声唤起。复员多年，老兵们的字典里只有祖国。

以后每次采访，再见到通州区光荣院的工作人员，我总会问问老兵们的现状。后来，工作人员告诉我，我采访过的老兵，有的已经去世了。再后来，我不再问了。因为好像不再提起，他们就都还是我见到他们的时候的那个样子。

时代变迁，一代代老兵在岁月中老去，但老兵精神却从未凋零。只要你我都还记得，他们就都还活着，从未离去。

2. 一生，一身戎装——西集老兵沈全孝

2015年7月，我和摄像一起，走进家住通州区西集镇和合站村的老

兵沈全孝的家。时年 88 岁的沈全孝是西集镇内参加过抗日战争、当时仅健在的三位老兵之一。

穿着一身崭新军装的沈老热情地迎接我们。他告诉我，这身衣服是纪念抗日战争胜利 60 周年的时候，政府发给他的，十年间，他一直视作珍宝，平时不舍得穿，只有在非常重要的场合或是逢年过节全家人大聚会的时候才会拿出来穿一下。

2015 年 9 月 3 日是中国人民抗日战争暨世界反法西斯战争胜利 70 周年。在这个值得世界人民铭记的日子即将来临之际，沈老激动地向我们讲起过去。从浴血奋战的战场走来，沈全孝的记忆里装着沉甸甸的历史记忆。

沈全孝，1927 年出生于西集镇和合站村，1943 年参加八路军。曾参加冀东十四军分区警备二团、警备四团，历任战士、副班长、班长、排长、副连长，参加过多场抗日战争，获得三等功两次。久经沙场的沈老，回忆起自己 16 岁时参军打鬼子的经历，思绪马上回到了那个战火纷飞、民不聊生的年代。

"那个时候，敌人可以随便欺负咱们。老百姓吃不上、穿不上，日军可以到处去抢。他们把牲口抢走，到处强奸妇女，连儿童都不放过，都杀了。那会儿净是小脚老太太，让他们给霸占了，然后再杀了。老百姓没有活的路。你不起来抗战，不打他，又有什么办法？"

沈老的语速并不快，由于年纪大了，每句话的声音也都混着气息声一起传出。但就是这样的声音，却像锤子一样一下下砸在在场每位听者的心里。

眼见在日伪军的烧杀掠抢下，家乡变得千疮百孔，一个又一个乡亲死在日军的屠刀之下，带着国仇家恨，当年只有 16 岁的沈全孝毅然加入了抗日战争的队伍。

"我参军那会，根本部队就不要，说我太小。不要我，可我在家里又有什么用呢？咱们多拿起一块砖来，就能多砍死他一个敌人。为什么有枪不拿来打敌人，要受他们欺负呢？"

1944年，沈全孝参加了解放香河的战斗。他所在的八路军警备团率三个连队攻打香河县城，遇到了当时驻扎在香河县城的一小队日军和一个营的伪军的负隅顽抗。八路军战士英勇奋战，经过一天的激烈战斗，沈全孝和战友们全歼日军小队16人，俘虏一人，歼灭伪军200余人，缴获92式机枪一挺。

战争取得了胜利，但六名战友的生命却永远定格在了那场战争中。沈老说，战争夺去了他太多战友，那些年轻的生命在数不清的枪林弹雨中转瞬即逝。当时一个村子里去参加抗战的几个小兄弟，就剩他自己一个人回来了。本来当天还在一起吃饭的战友，一会儿工夫，枪一响人就没了。

70多年过去了，一代又一代的中国志士在历史的进程中抛洒热血、艰难摸索。作为见证者、亲历者，沈老说他不能忘记过去的那段历史，但更珍惜现在的幸福生活。

图3　2015年7月，我和通州融媒的摄像李跃一起，走进通州区西集镇和合站村，采访了抗日老兵沈全孝。照片拍摄：通州融媒　李跃

3. 老兵丁万程的革命诗集

87岁的老兵丁万程有一本厚厚的原创诗集,那里面有炮火连天的历史、有一起出生入死的战友,还有他对党和国家的无限忠诚。

2018年7月,在"寻找英雄足迹 倾听老兵故事"——通州百姓系列主题志愿服务成果展示活动筹备之际,我走进了丁老的家。

书房里,丁老拿起亲笔写下的诗集和记录着战争经历的手稿,一页页地仔细给我翻看,每一页都记载着历史。

祖籍山东的丁万程1947年加入中国人民解放军的时候,只有15岁。他参加过天津战役、辽沈战役、渡江战役等,立功数次。在硝烟弥漫、火光冲天的战争中,丁万程每天都和死神擦肩。

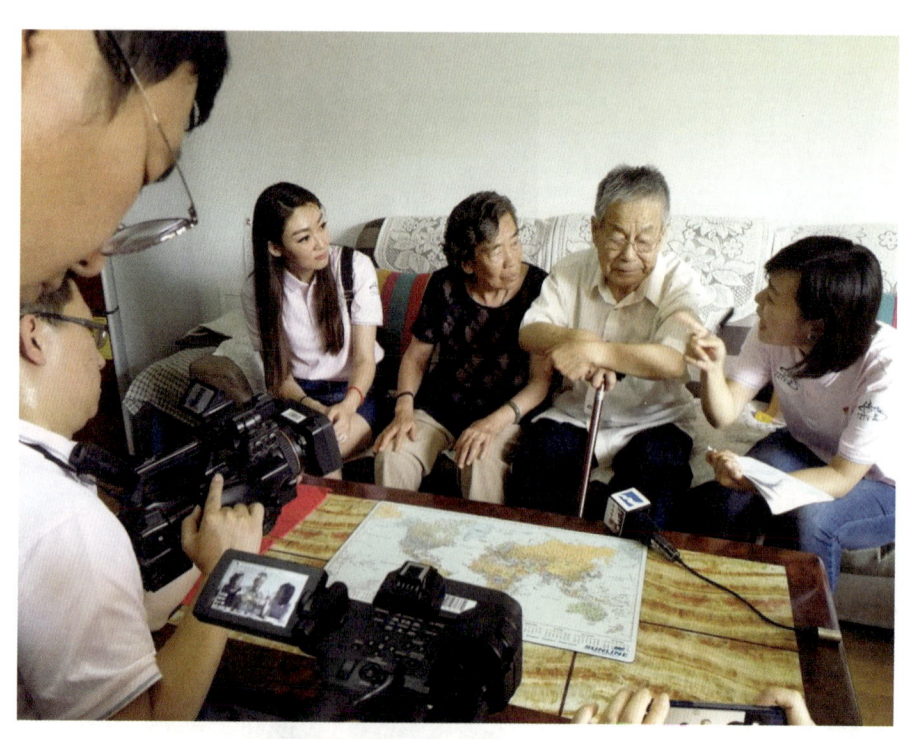

图4 2018年7月,作为"寻找英雄足迹 倾听老兵故事"——通州百姓系列主题志愿服务活动的志愿者,同时也是采访者,我和同事们走进了丁老的家

"敌人的碉堡里头有好多兵力都被我方战士消灭了。我们到了东局子（天津地名）以后，那里是一片火海，已经没有人了。我们都在战壕里头，在碉堡里头待着，实际上都坐在尸体上，睡觉有时都躺在尸体上。"

锦州战役，我军一个连的部队因行进方向偏离，即将误入敌人战区。丁万程和战友小刘临危受命，快马加鞭向部队传送信息。战火纷飞中，破碎的弹片从丁万程的身上擦过，划出道道血痕。消息送到了，但战友小刘却在返回部队的途中壮烈牺牲，年仅16岁。尽管已时隔70年，提起牺牲的战友，丁老还是哽咽了。

"我回来以后，团长问小刘回来了没有。我没吭气，就哭了。我这一哭，团长也哭了。团长知道小刘死了。他们这个村里，一共有35个人参军。在锦州那次战斗中，就死了20人。"

从1947年参军到1978年转业，丁万程在部队度过了31年时光。其间，有22年和妻子分居两地。相濡以沫多年，丁老笑称，他的军功章有一半要分给老伴儿。

对于二十几年的分隔两地、牵肠挂肚，丁万程的老伴儿陈宝伶在接受我采访的时候，却显得很释然，语气十分平和。

"两地生活，他确实也想回来，但是身不由己啊，为党为国家，党和国家放在第一位。你是保护国家和人民的，国家保护好了，才有我们这个小家庭啊。"

2018年10月1日，是丁老和老伴儿结婚60年纪念日。如今四世同堂的丁老儿孙孝顺、生活幸福。但每每提起当年一同浴血奋战的战友，丁老还是充满感慨。为纪念战争岁月、追忆战友情深，丁老写下了一本厚厚的诗集。

"人到老年易回想，感恩一生跟着党……改革开放继革命，经济发达成果丰，人民生活大改善，晚年无忧谢党情。"

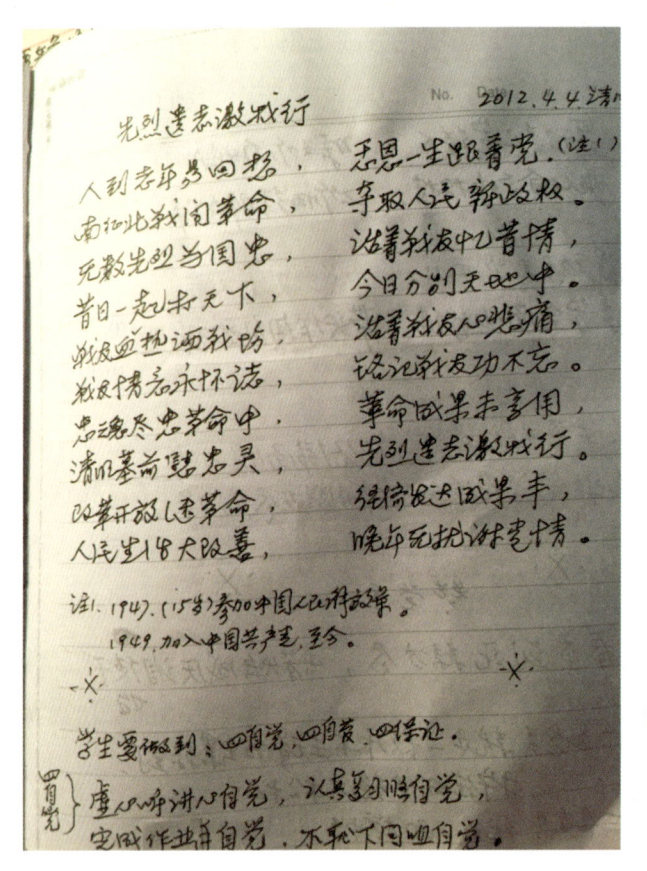

近悦远来　心向往之——我在北京城市副中心当主播

图 5 老兵丁万程的诗集手稿。这个笔记本里也记录了很多丁老关于当年战争的回忆和日常学习的笔记

2018 年 7 月 25 日，由通州区融媒体中心、区文明办、区民政局等单位联合主办的"寻找英雄足迹、倾听老兵故事"——通州百姓系列主题志愿服务成果展示活动在通州区文化馆举行。活动中，胸前佩戴着大红花的老兵们坐在观众席最前排，精神矍铄、情绪饱满地观看了整场演出。在这里，我再次采访了丁万程。

"每年清明节都使我想起和我一起当兵的战友，他们都为国牺牲了。他们用鲜血和生命换来今天的幸福好日子。他们没有享受到这种好日子，而我现在衣食住行方面都很好。我现在虽然岁数大了，人老了，但是我人老心不老，在我有生之年，我要紧跟着党走，直到我牺牲。"

活动现场，承载厚重历史记忆的老兵故事、曾经征战沙场如今腰背渐弯的老兵的现状和社会各界志愿者团队对老兵群体及军烈属的关怀与关注，也给作为志愿者来到现场主持活动的总台主持人朱迅留下了深刻的印象。

活动结束，我在活动候场区采访到了主持人朱迅。

"其实我觉得特别温暖，而且你真的可以感受得到，他们眼睛当中自然流露出的那种善良、知足和感恩，就像给我打了一剂强心针一样，我想我今后会用更加积极的心态去面对自己的工作和生活。"

图6 "寻找英雄足迹 倾听老兵故事"——通州百姓系列主题志愿服务成果展示活动的后台，作为志愿者来到现场主持活动的总台主持人朱迅接受了我的采访。此条采访新闻已在当年通州电视台《通州新闻》中公开播发

115

4. 行走在中日之间的历史传承者

下面要讲述的故事里的主人公，和我一样，曾是一名记者。不同的是，他采访过很多日籍八路军。

我采访殷占堂的时候，他72岁，研究中日战争史、挖掘日本侵华罪证已经有30年的时间。曾任河北电视台驻保定记者的殷占堂1986年赴日本NHK（日本广播协会）进修。从此，他成为一名行走在中日之间的历史传承者，为中日文化与民间交流做着积极的贡献。

在朋友或同事的眼中，殷占堂有着多重社会身份，电视人、作家、画家、中日友好的使者。但当我走进殷占堂有关中日战争的收藏世界的时候，能够感受到中日战争遗留下的历史痕迹在他生活中所占的比重和分量。侵华战争中日军遗留下的锈迹斑斑的水壶、士兵穿过的旧军装，锋利冰冷的刺刀、战前调查中国地质资源的胶片……都掩盖在厚重的岁月尘埃之下，带着抹不去的历史记忆，被殷占堂一点点地从日本各地收集起来，带回中国。

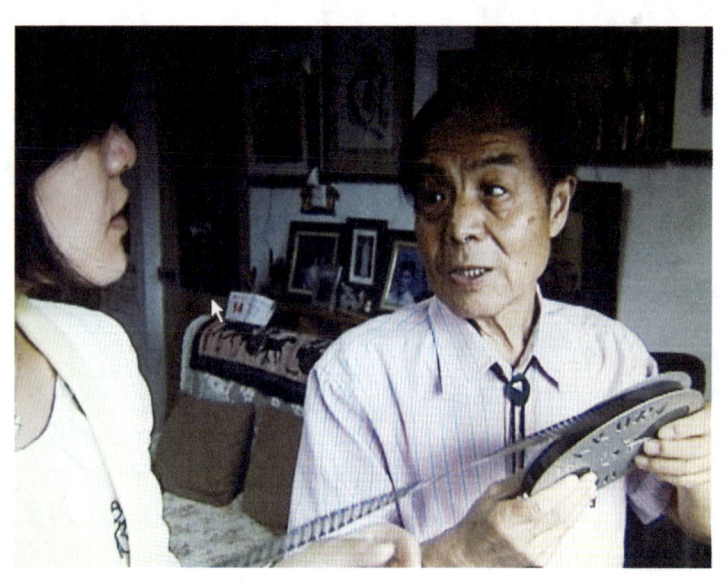

图7　我采访殷占堂时的视频截图。当时他向我展示了很多他收集到的影像素材、旧军装等

在日本工作生活多年，殷占堂也亲眼见证了日本民众对于战争的深恶痛绝和对于和平的期盼。殷占堂告诉我："日本侵华战争持续了14年，这期间，大量日本人参加了战争，而其中很多人是被强迫的。很多日本家庭成员因战争而死去，日本民众深刻地认识到，战争是最大的罪恶。"

在日本期间，殷占堂跟踪采访了多位日本老八路。这些日本老八路曾是侵华战争中被八路军抓获的战俘，后经感化教育，参加了八路军，为抗日战争做出了积极的贡献。

多年的细致采访、交流，在中日之间的奔走、收集，让殷占堂和日本老八路之间建立起了深厚的友谊。2009年，殷占堂策划拍摄了专题片《日本八路轶事》，主人公是日本老八路小林宽澄。

1940年夏天，一张日军的征兵令改变了当时20岁出头的小林宽澄的命运。他被派往山东青岛附近的桐林分遣队守炮楼，成了侵华日军的一员。1941年6月18日早晨，在山东省牟平县，小林宽澄所在的日军分队向山区进攻，小林宽澄在掩护日军部队逃跑时被俘，后经八路军感化教育，成为反战同盟的日籍八路军战士。

从日本战俘到八路军，再到中日友好的使者，小林宽澄是中国人民较为熟知的日本籍八路军老战士，为中日友好做出了积极贡献。

1955年复员回国后的小林宽澄，一直受到日本方面的监视，直到85岁后才解除。但他依然四处演讲作报告，积极进行反战宣传，揭露日本侵华战争的真相。

作为有着特殊身份且为数不多当年尚在世的战争亲历者，包括小林宽澄在内的这些日本老八路的宣讲为揭露日军的侵华暴行提供了有力的证据，并真实再现了抗战史实。

2015年9月，96岁的日本籍八路军小林宽澄受邀来到北京参加中国人民抗日战争暨世界反法西斯战争胜利70周年纪念活动。9月2日上午，在北京人民大会堂，习近平主席为小林宽澄颁发并佩戴"中国人民抗日战争胜利70周年"纪念章。

"这些日本籍的老八路对中国有着很深的感情，他们把中国当作自己的第二故乡，今生的再生之地。另外还有一点，我感触很深。"

说到这里，殷占堂说话的表情逐渐动容。

"这些日本老八路，曾经是那么顽固的日本军。他们能够彻头彻尾地改过来，能热爱中国……这充分体现了当年的八路军，我们党的政策的英明和伟大，这在世界上是绝无仅有的。"

和小林宽澄一样，日本老八路们回国后，都受到了日本政府的监视和排挤，生活清贫。殷占堂和妻子曾经把几位日本老八路接回中国，带着他们重游故地，并安排他们住在自己家中精心照料。

从2015年开始，殷占堂相继策划出版了"反战斗争史话""日本侵华图志"等丛书，还原历史真相，并将已经去世的日本老八路水野靖夫撰写并交由他珍藏多年的《反战士兵手记》一书捐赠给中国人民抗日战争纪念馆收藏。

我采访殷占堂那年是2015年，是纪念中国人民抗日战争暨世界反法西斯战争胜利70周年。当我问起殷占堂是什么促使他一直坚持收集抗战遗存的时候，殷占堂告诉我："抗日战争已经结束70年了。再过70年，再过100年，咱们小孩的小孩的小孩的孙子们，他们不知道战争这些东西，也不知道这些历史。所以我们要把罪证留给历史，留给子子孙孙。告诉他们，永远不要忘记曾经的战争，永远珍爱和平。"

5. 忠义老兵——杨得永

我采访杨得永的时候，他已经是一位复员23年的老兵。

在人们的记忆里，他是义务照料故去战友父母23年的时代楷模，是闪烁着荣誉光环的道德之星，是孝老敬亲、情义两肩挑的学习榜样，但是当我去采访他的时候，他见到我的第一句话却是："我真的不觉得我做的事情是什么大事儿，那个年代当兵的人之间的情谊，没有当过兵的你们是不理解的。"他开门见山的说话方式质朴到让我一时有些语塞，觉得这位用自己的行动折射出人性光辉的学习榜样、已经有很多媒体争相报道过的道德楷模，此刻是如此平实。他只是一位退伍23年依然心系那个火红岁月的老兵，一位想好好孝敬父母、踏踏实实过日子的孝顺儿子。

杨得永拿出一张两位年轻士兵的合影，照片上除了斑驳的时间印记，还有两位身着深蓝色海军军装的青年，一高一矮端正而立，苍蓝的海水映着年轻而富有朝气的脸庞……这一切随着杨得永缓慢平实的讲述，把我的思绪带回到了那个激情燃烧的年代。

1984年，19岁的杨得永来到辽宁海军基地的新兵连集训。军营的生活艰苦而充实，杨得永感觉自己身上好像有使不完的力气，常常一个手提四个暖壶就一溜烟儿地跑去打水。意气风发的小战士们一起劳动、一起吃大个儿的馒头、一起睡硬邦邦的大床铺。时隔多年，杨得永依然能清晰地记起那时候常唱的军歌：同吃一锅饭，同睡一张床。军营是一个充满激情、坚毅和温暖的大家庭，就是在这个特殊的大家庭里，杨得永认识了比他小两岁、同样来自通州区梨园镇的同乡王亚军。

军营中简单质朴的环境加上"老乡见老乡"的特殊情谊，让两个年轻人的心走得格外近，两个人从此便以兄弟相称。在杨得永的记忆里，亚军是一个上进心特别强、特别耿直的人。

"你别看他个子小，干起工作来特别认真，一个老实巴交的孩子。"不善言辞的杨得永说起记忆深处的这个小战友，语流变得流畅了不少。

1989年春天，在他们即将服役期满退伍还乡的时候，厄运却悄然降临在杨得永的这位小兄弟王亚军的身上。王亚军被查出尿毒症晚期。由于病情严重，需要进行换肾手术的王亚军要从大连部队医院转院到北京海军总医院进行治疗，等待肾源。

火车缓缓到达北京的时候，杨得永把他的这位兄弟背在肩上，一步一步稳稳地背下火车。杨得永不知道，这是他作为大哥陪着这位弟弟走过的最温暖、最踏实的最后一程。

回到北京以后，杨得永忙于新工作，而王亚军的身体却日渐虚弱。虽经北京院方全力救治，但无情的病魔还是残忍地撕扯着这个小伙子虚弱的身体，夺走了王亚军只有22岁的年轻生命。

王亚军离开的时候，杨得永没能在兄弟身边见到他最后一面。他怀着沉痛的心情，去八宝山参加了王亚军的遗体告别仪式。回来的路上，曾经护理过王亚军的工作人员告诉杨得永，王亚军去世前，意识到自己快要支撑不住的时候，突然撑起身体，用尽所有的气力喊着："大哥，快来！"说完后就躺下再也没有起来。此时的杨得永，心里五味杂陈。失去亲密战友的伤痛、没能见到兄弟最后一眼的遗憾、战友弥留之际的一声沉甸甸的"大哥"……这一切都在他的心里激烈地翻滚着。他想，自己这位兄弟一定是有什么事情想托付给他。兄弟家里的老父亲、老母亲还没人照料，他一定是放心不下。他告诉自己，战友走了，兄弟没了，我就来顶替他，孝顺他的父母一辈子。

从此，杨得永隔三岔五就往王亚军家里跑，想看看二老有什么需要帮忙的地方。担心自己的到来会给两位老人带来困扰，引起他们思念儿子的悲伤，杨得永试探着逐渐增加看望老人的频次。时间一点点地掩盖着刻骨铭心的丧子之痛，两位老人终于慢慢地适应了这个没有血缘关系的儿子的关心和照料。

"现在我几天不去，他们就想我。"杨得永说着笑了起来。

忠人之事，义薄云天。时间一晃23年。23年中，买菜做饭、料理家事、带老人看病检查身体，杨得永用北方汉子坚实的肩膀替战友担起了这个家。

"那个年代当兵的人之间的情谊，没有当过兵的人，你们是不理解的。"这是杨得永在接受我采访时说得最多的一句话。

王亚军的母亲张永兰说："我喜欢吃稻香村的点心，得永从早晨九点一直排到十二点，就为了给我买盒点心。能有这样的儿子，我没什么可遗憾的了。"

老人的认可，老人的健康和快乐是杨得永最为安慰的事情。但同时，各种风言风语和不理解的声音也开始出现了。有人冷嘲热讽地问杨得永："你干吗啊，人家有财产，你惦记人家财产啊？"对此，杨得永只是默默地承受，一笑置之。

他说："战争年代，战友都是在用生命保护对方的。我们在和平年代当兵，但是战友间那种互相关心、互相帮助的情谊我是永远不会忘记的。我得对得起兄弟最后叫我的那声'大哥'啊。而且，我在帮助别人的时候，自己也获得了很多幸福感。大叔大婶现在把我当成儿子了。前天老人还叫我去拿她给我炖的牛肉，临走时还给我带了四棵大白菜。"杨得永笑着，朴实的脸上挤出一些生活的纹路。

今天的杨得永仍然影响着很多善良的人们。杨得永的战友小王有天在家和女儿一起看电视，正巧看到电视里报道杨得永的事迹。小王和女儿说："你看，那是你杨大爷，照顾战友父母好多年了。"小王的女儿问他："爸，您为什么不去这么做啊？"

第二年临近春节，小王提议说："今年过年咱们都去大爷大妈家！"于是，那一年的春节，王亚军父母的家里来了包括杨得永和小王在内的七名来自梨园镇的战友。那一年的大年初一，王亚军父母的家里格外热闹。

采访中，杨得永说，他就是一个普通人。他不想出名，他只想父母健康、快乐。只是，对于记忆定格在23年前的那位战友王亚军，杨得永说他只有一句话："你放心吧，父母有我呢。"

二、感动的力量——那些我采访过的好人

党的十八大以来,习近平总书记高度重视新闻舆论工作,多次看望慰问新闻工作者,并提出明确要求和殷切期望。作为新闻工作者,要坚持以正确的舆论引导人。

舆论凝聚力的实现需要宣传动员工作,也需要形成良好的媒介氛围。褒扬的舆论不仅可以为人们树立榜样、阐释正确的道理,还能昭示人民必胜的前途。进入 21 世纪,社会各领域都取得了巨大进步,确保一个机构、企业等组织的高效运转,特别是在决定命运的紧要关头,需要舆论方向的一致。当国家或一个组织内部采纳正确的意见并认识一致,就能迸发出巨大的能量。历史的进步,是在舆论凝聚力的作用下不断走向新的起点,使人民形成整体去创造未来。[①]

杨得永是一位退伍老兵,但在更多人的印象里,他是一位好人。在我的职业生涯中,我采访过很多的凡人榜样、身边好人。他们就像散落在漫山遍野的小花儿,朴实无华,却在各自的角落散发着沁人心脾的香。

1. 你永远都是我的掌上明珠

2012 年 3 月,由中共北京市通州区委宣传部等单位主办、北京市通州区广播电视中心(现北京市通州区融媒体中心)协办的"感动永乐好村民表彰颁奖典礼"在通州区永乐店镇举行。颁奖典礼的举办地是永乐店镇一所中学的礼堂,地方不大,场景普通。在没有绚丽舞美和灯光的舞台上,生活中用质朴的方式、诚挚的爱心帮助他人的 10 位村民正在接受表彰。作为此次表彰的主人公,他们的故事经过岁月磨砺愈加感人至深、熠熠生辉。

---

① 刘建明,纪忠慧,王莉丽.舆论学概论[M].北京:中国传媒大学出版社,2009:227.

而下一刻，站在台上接受表彰的人，是我在节目中曾经采访过的一位母亲，名叫张宗兰。她的女儿蒲宏练是肌无力患者。

从23岁被医生确诊，宣布活不过28岁的生日，到2012年，44岁的蒲宏练拥有了一儿一女，熬过了这无力人生的第20个年头。这期间，蒲宏练的生活里总有一双温暖而粗糙的手陪伴，而这双手来自她的母亲——张宗兰。

为了能给张宗兰一个惊喜，晚会的工作人员几经周折，瞒着张宗兰，把她行动极其不便的女儿请到了晚会的现场为母亲颁奖。

当张宗兰从费力举起奖杯的女儿手中接过这份荣誉的时候，台上台下的人都已泪流满面。而此时，你一定会问，在这对母女的身上，究竟发生过什么样的故事？蒲宏练又是怎么熬过这二十几年的时光的呢？

每天清晨，在永乐店镇三垡村一个普通农家院里，66岁的张宗兰就会和老伴儿一起，拆下厚重的窗板，赶在7点前，让小卖部开门营业。这家小卖部是开给大女儿的。如果不是18年前发生在女儿身上的一场突如其来的变故，张宗兰的人生可能会和很多普通的农村妇女一样，朴实而淡然。

1971年，张宗兰的大女儿蒲宏练顺利降生。女儿长到20岁的时候，张宗兰发现，女儿的弹跳能力不但比同龄人差很多，而且伴有腿软、四肢无力等症状。随着时间的推移，女儿身体一天比一天差，全家人四处求医问药均毫无起色，隐隐的不安感，逐渐吞噬着张宗兰疼爱女儿的心。

1994年3月31日，张宗兰接到了北京协和医院对女儿病情的确诊通知单，进行性肌营养不良症，也就是人们俗称的"肌无力"。医生告诉张宗兰："别瞧了，这种病中国治不了，外国也治不了。"

诊断书就像一纸对女儿命运的判决书，让张宗兰措手不及。但她没有时间悲伤难过、怨天尤人，她必须迅速调整情绪，坚强起来，保护女儿。

女儿确诊之后，病情发展似乎更为迅速。眼看着女儿走路从需要一根拐杖到需要两根拐杖再到最后完全坐在轮椅上，从可以勉强自己料理生活到时刻需要人照料，张宗兰心如刀绞。她发誓，有生之年都要做女儿的拐杖和手脚。

从此，为女儿穿衣梳头、洗脸洗脚、端屎端尿，种种琐碎的日常变成了张宗兰每天生活的全部。女儿蒲宏练患病后不久，她的丈夫提出了离婚的要求。张宗兰说她理解女婿的做法，但只提一个要求，留下女儿的孩子，这个女儿生命中唯一的精神支柱。带着深厚的母爱和疼惜，张宗兰道出一位坚忍的母亲最无奈的恳求。

采访中，我问张宗兰："生活这么艰难，有过撑不下去的时候吗？"

张宗兰说："独自一个人的时候，有过这种想法，想着闺女有病，实际上是老天在折磨我，跟我开了一个不小的玩笑，可是我面对这个家庭，老伴儿这么大岁数了，孩子都小，闺女那样的身体，只有我挺着。"

张宗兰就这样，挺了20年。

为了能让女儿的精神有所寄托，活得有尊严、有价值，女儿患病后不久，张宗兰就和老伴儿一起，凑了两千块钱，给她开了家简陋的小卖部。

每天清晨，张宗兰和老伴儿总要提前来到小卖部，为女儿准备好这里所有的一切。天冷的时候，他们还要先把炉火点起，直到小卖部里变得暖和起来，张宗兰才会用轮椅把女儿推来。看着女儿忙活起来，她才会放心地离开一会儿，等到温度下降前，再把女儿从小卖部推回家。这一早一晚、一来一回，动作简单，却异常艰难。风雨无阻18年，当年的小卖部变成了现在的样子。18年间，张宗兰和老伴儿骑着三轮摩托，给小卖部进货、搬货，熟悉各种商品的最低价格。一路的浮尘里，有母亲疼惜女儿洒下的昏黄热泪，两道车轮印里，是母亲刻下的深深爱痕。

张宗兰常和儿女说的一句话是：在这个幸福的家庭里，你要坚强地活下去啊。

岁月流转，在母亲张宗兰的照顾下，蒲宏练组建了新的家庭，在壬辰龙年奇迹般地拥有了另一个女儿，而大儿子也以优异的成绩考上了北京宏志中学。张宗兰用母爱给予了女儿人生又一道生命之光。

在蒲宏练的房间里，关起房门，多年的情绪仿佛一瞬间释放，蒲宏练哭着和我说出积压在她内心多年的话："别人都能给爸妈尽孝，可是自打我妈退休，别说去旅游，连出门都惦记我。我心里对妈妈特别愧疚。借着你们来，和我妈妈说一句，谢谢妈妈。"

张宗兰说生命的规律谁也无力抗拒。有一天他和老伴儿都会衰老到再也不能扶起女儿，陪她左右，为她梳起头发，捡起胸前掉落的饭粒，但只要她还活着，她就会一直守着女儿。不管女儿以后会变成什么样，她都想告诉女儿：你永远都是我的掌上明珠。

一年的时间如白驹过隙。2013年1月，我们再次走进了张宗兰的家。一家人的生活并没有太大的变化，而成长中的孩子却像被春风吹着的枝叶，仿佛一夜长大。蒲宏练不能照看孩子，这个责任当然还是落在母亲张宗兰的肩上。小女孩活泼好动，蹦蹦跳跳，只要有谁哼起歌，她就会和着节奏左右摇摆。她还太小，并不知道在自己妈妈身上究竟发生了什么，但已经会学着姥姥的样子，给妈妈穿鞋穿袜。

由于正值学生放寒假，蒲宏练的大儿子蒲海曦难得回家来住几天。18岁的小伙子已经当起了家里的顶梁柱，照顾妈妈、料理家务、打理小卖部。

蒲海曦年轻的肩膀注定要扛起更多的担子，性格显得要比同龄人沉稳不少。但当和我聊起不久前作为宏志中学的优秀学生代表，被学校选送去香港伊利沙伯中学交流学习的经历，小伙子显现出难得的兴奋，开心地给我翻看着他在香港的照片，讲述学习交流的经历。

看着孩子们的成长，说起过往，蒲宏练依然会流泪，但那流泪的眼睛里，却多出了幸福的笑意。蒲宏练说，她要让阳光照进来。

窗外，阳光明媚，这个冬天并不那么寒冷。蒲宏练的小女儿跟在姥姥张宗兰的身后，一刻也不愿离开。那双曾经为蒲宏练抚平伤痕的粗糙的手，此刻，正温暖着更年轻稚嫩的生命。这是关于一个普通家庭的故事，也是普通人的奋斗史。生命如此，总有挫折；历尽千帆，生生不息。

采访张宗兰和蒲宏练母女的时候，作为采访者，背对着镜头的我，有几次眼泪止不住地顺着脸颊流下来。我深知作为采访者要保持客观冷静，但面对母爱的深沉与伟大，我还是一次次地破防了。

是的，我还采访过很多母亲。当命运的枷锁无情地拉扯着生活的轨迹，母爱是穿过重重桎梏，照进生命里的光。

2. 母亲的假牙　母爱的马拉松

家住北京市通州区玉桥南里社区的高淑文每天中午吃完饭都要认真地把假牙清洗一遍。这口普通的假牙，高淑文除了自己用，还要用来帮助三女儿完成进食的重任。

1980年1月15日，高淑文的三女儿周砂厦出生。小砂厦长到8个月的时候，高淑文发现女儿不会翻身、不会爬，逗她也没有反应。心中隐隐不安的高淑文抱着女儿走进了医院的大门。医生经过检查后，给出了一个足以让高淑文的世界彻底崩塌的结论——"先天性脑瘫"。一旁看病的人劝高淑文，回家路上把孩子扔了吧。高淑文抱了小砂厦一路，眼泪掉了一路，孩子也没舍得扔。

像养育初生婴儿一样照顾女儿的吃喝拉撒，坐在女儿床边靠给别人缝补衣服来补贴家用，哪怕只是出门买菜都要加快脚步赶着回家……高淑文四十几平方米的房间里包裹着她对女儿全部的爱，也记录着这个母亲曾经历过的无助和绝望。

"有一次老头晚上去值班了，孩子发烧，哭啊闹啊，我也在发烧。我说给孩子倒碗水喝，但浑身烧得动弹不了。我那时候有一个想法，想自己撞墙死了算了。"

高淑文想过结束自己的生命，却从没想过放弃女儿。对女儿的牵挂是她活下去的动力。周砂厦消化不良，常年吃胃药。为了促进女儿消化，高淑文和老伴儿每天轮流抱女儿，一天四次，每次两个多小时。从女儿出生时的 6 斤，到现在的 66 斤。女儿在高淑文的臂弯里一天天长大，她在女儿空洞无神的眼睛里一天天衰老。已经 70 岁的高淑文老了。肺纤维化、萎缩性胃炎相继侵袭着这位老人的身体，不久前的一次脑梗让高淑文的身体状况大不如前。现在她每一次抱起女儿都要拼尽全力，浑身颤抖。

高淑文说她这一生都是眼泪泡着心，37 年的坚持，她的命和女儿的命早就连在一起了。女儿不死，她也必须活着。

没有绵长的泪水，情绪的爆发也转瞬即逝。高淑文早就习惯了把脆弱隐藏起来，坚强才是她生活的常态。周砂厦的中枢神经病变导致她不会自主进食。高淑文就先自己一口一口把食物嚼碎了，再一勺一勺送进女儿嘴里。高淑文说，喂饭是个技术活，交给别人她不放心。

搅拌机打碎的食物女儿不吃，只吃高淑文嚼过的，因为那里面有妈妈的味道。只是，如今年事渐高的高淑文牙齿一天天地掉，为了给女儿喂饭，高淑文换上了满口的假牙。这一口牙，一人戴，两人用；这一勺饭，一人嚼，一人吃。

高淑文的老伴儿周海英告诉我："她妈妈的这口牙都是因为喂孩子才没了的。她把生命给了孩子一半啊。"

高淑文最怕的事情是自己走在女儿前面，而她最大的愿望就是用自己的生命换女儿叫她一声妈妈。

高淑文这一生都被女儿填满了。问起高淑文她这一辈子会不会觉得委屈，觉得苦。高淑文没有看镜头，而是用眼睛平静而坚定地看着我说："我不觉得自己委屈，我觉得我生在现在这个社会，我挺幸运的。党的政策好，上上下下对残疾人都挺关心的，我很感谢。"

37年，高淑文这场母爱的马拉松仍在持续。

3. 燃烧我，照亮你们的人生

1996年的冬至，对于当时53岁的白忠珍来说，是个终生难忘的日子。当天下午，白忠珍的小儿子于井全外出办事，车坏在了半路，于井全下车，蹲在马路边修理车子。就在这时，一辆汽车冲着于井全飞驰而来。毫无防备的于井全整个人被汽车撞出三四米远，重重地摔在了地上。

当白忠珍和老伴儿闻讯赶到医院时，儿子于井全已经神志不清。于井全出门前身上穿的乳白色棉袄被鲜血染成了红色，额头上的皮肤错位盖住了整个眼睛和鼻子，左侧两根、右侧三根肋骨骨折，扎穿双肺，导致大量出血。看着面目全非的于井全，手捧着医院一次次下发的病危通知书，白忠珍一遍遍地呼唤着儿子的名字，祈祷奇迹发生。

于井全在ICU住了40多天才苏醒过来，命虽然保住了，但却因腰椎错位，且错过最佳治疗时间，变成了一个高位截瘫、从此只能在床上生活的重度残疾人。那一年，于井全只有25岁。

病榻上的儿子痛不欲生，儿媳伤心欲绝，小孙女嗷嗷待哺。面对这个支离破碎的家，白忠珍决定，劝走当时只有二十出头的儿媳，用自己的残年余力托起儿子的后半生。在小孙女2岁8个月的时候，儿媳离开了家。

无法接受现实的残酷，于井全曾多次想过轻生。白忠珍一次又一次地从儿子手里夺下锋利的水果刀，对他说："儿啊，你是妈身上掉下的肉。妈是你的后盾。只要妈有一口气，妈就能照顾你。你听妈的，挺起来！妈都挺起来了，你为什么不能挺起来？"

采访的时候，白忠珍像对待小时候的儿子一样，轻轻抚摸儿子的额头："儿啊，有妈在，不怕。"

以后的每一天，抱儿子起床、为儿子擦洗身体、全身按摩、端屎端尿、洗晒尿布，是白忠珍雷打不动的功课。受伤后的于井全身体素质直线下降，严重的药物副作用致使他的双耳完全失去听力。虽然听不到声音，但母亲的辛苦，于井全却一直都懂。

采访中，于井全用很不清晰的发音吃力地说："老妈，辛苦了。"

白忠珍就像是一根两头燃烧着的蜡烛，一边照顾瘫痪在床的儿子，一边照看弱小年幼的孙女。一边燃烧着自己温暖儿子的生命，一边全心付出点亮孙女的人生。

春去秋来，日复一日，白忠珍一点点地由满头乌黑变成头发花白，再到现在的满头白发。但白忠珍不服老，照料儿子的每一个细节，她都尽心尽力。她始终坚守着一个信念，以燃尽自己的方式把孙女养大成人。孙女不长大，她怎么敢老？

谁解慈母心，今日寸草报春晖。如今，于井全的女儿已经长大成人，成了一名白衣天使。她对父亲的护理，严格按照医学流程进行，困扰于井全多年的褥疮一点点地好转了。白忠珍也终于迎来了四世同堂的幸福人生。

幼年离母的小孙女于思雨，现在已经是一位二胎妈妈了。每当提起奶奶，孙女的眼泪就像断了线的珠子一直掉。

"我长大了，终于可以帮奶奶担起照顾爸爸的担子了。我从来就没想过这家会有垮了的一天，因为现在一切都有我呢。"

二十年青丝白发，二十年情暖儿心。如今，年逾古稀的白忠珍老了，不久前的一次摔伤，让她走不了太久的路。但她说，只要儿子还在，她就会一直燃烧，用这周身的母爱之光，永远温暖儿子的人生。

4."天使妈妈"白春爱的母亲节

2019年9月,一场意外,让通州区马驹桥镇西田阳村满玉昂的生命永远定格在了1岁8个月。

带着巨大的悲痛,满玉昂的妈妈白春爱和爸爸满春志商量后,决定将儿子的所有器官捐献出去。玉昂的心脏、肝脏等器官先后救治了6名小患者。一朵花落,六朵花开。当小玉昂的生命以另一种形式得到延续,"天使妈妈"白春爱的无私大爱也在不同家庭间得以传递。

2021年母亲节前夕,我和摄像一起来到小玉昂家。白春爱像往常一样,洗菜做饭忙家务。在经过2019年的那场意外之后,两年过去了,这个曾经遭遇丧子之痛的家庭慢慢恢复了平静。小玉昂离开后,来自社会各界的关注和温暖,数不清的好心人的支持和帮助,给了这个曾经濒临破碎的家庭坚持下去的力量。

时间倒回2019年9月11日,年仅1岁8个月的满玉昂在家玩耍时,被客厅突然坍塌的屋顶砸中,在经过21天的全力救治后,被诊断为脑死亡。悲痛万分的母亲白春爱在和丈夫商量后做出决定:把儿子所有的器官捐献出去换取更多孩子的新生。

满玉昂的爸爸满春志说:"我们一个孩子能换来这么多家庭平平安安的,孩子们平平安安的,我们心里也有了寄托。"

做出无偿捐献器官的决定后,白春爱和丈夫签署了相关文件,把小玉昂的心脏、双肾、肝脏和两个眼角膜全部捐出。

医院里,白春爱趴在急救床上,想看儿子最后一眼。现场所有的医务人员都向这位只有一岁多的捐献者鞠躬致意。看着急救床被缓缓推走,白春爱边哭边颤抖着说:"再等等,再等等,让我再看孩子最后一眼。"

在网上,在很多短视频平台上,这段白春爱夫妇与儿子告别的视频打动了无数人，75万网友挥泪送别"天使男孩"。

小玉昂离开的两年间，每每想到儿子捐献的器官给六个家庭的孩子带来新生，白春爱的心里是满满的欣慰。

白春爱说："玉昂很了不起。虽然他来到这个世上只有1年8个月这么短暂的时间。但是他没有白来，他救了六个孩子，他走得有意义。他永远是我心目中最爱的那个儿子。"

远在河南焦作、患有严重暴发性心肌炎的小女孩——在生死边缘挣扎的第18天，等到了小玉昂的心脏供体。

2019年10月3日13时14分，捐献者满玉昂的心脏成功地在——的身体内跳动。从此，小玉昂的生命开始以另外一种方式延续。

根据国际惯例，器官捐赠一般采取"双盲原则"，但因为此次捐赠中的供捐双方家属均希望见到对方，在著名乒乓球运动员邓亚萍的帮助下，两家人终于见面，白春爱也终于听到了儿子的心脏在另一个身体里跳动的声音。

又是一年母亲节，白春爱接到了远在河南焦作的——打来的视频电话。孩子在电话那边奶声奶气地说着："祝白妈妈母亲节快乐。"

白春爱说，——恢复得很好，大女儿在大学学业顺利，家里新开了儿童乐园，每天都能看到街坊邻里孩子们的笑容，这些都是给她最好的母亲节礼物。

作为母亲，白春爱是不幸的。年幼儿子的突然离世，捏碎了一个母亲的心，也险些击垮了一个家庭。但白春爱又用强大的母爱，把家筑起来。她的爱把在生死边缘苦苦挣扎的小女孩——从死神手中拽了回来，再用大爱筑起了六个家庭孩子的新生命。

致敬母爱，也致敬北京城市副中心建设中的每一个用生命书写美丽故事的普通人。

5. 残疾修鞋匠的美丽人生

57岁的佟德广，手里的一双拐陪伴了他五十几个年头。一岁的时候，一场小儿麻痹，夺走了他像正常人一样行走的权利。不愿靠父母养活，17岁那年，佟德广成了村里生产队修鞋铺的一名学徒。

四年后，中国的改革开放风起云涌，佟德广告诉自己，上天剥夺了他健全的双腿，他就要靠这双勤劳的手打造属于自己的新生活。

1982年，在一间简陋的平房里，24岁的佟德广和腿部同样有残疾的段淑凤组建了自己的家庭。婚后五年间，两个儿子相继降生，生活也变得越加拮据。村领导曾先后十几次上门，要帮佟德广申请低保金，但都被他拒绝了。他说作为残疾人，就得自强。

1992年，靠着修鞋和卖冰棍儿攒下的钱，佟德广搭起了属于自己的一间8平方米的修鞋摊。一针一线、一钉一铆地修理，凭着娴熟的手艺和厚道的为人，佟德广很快成为方圆十几里最有名的修鞋匠。

1994年，佟德广租房开了"佟乐"精品鞋店，除了修鞋，还开始卖鞋。

从那天起，佟德广骑着他的摩托车，开始了漫长的进货路。最远的进货地点位于北京南二环的右安门，离家往返有200多里地的车程。无论烈日当空还是雨雪漫天，佟德广始终坚持进货，不曾间断。为了节省成本，佟德广每次都尽量多进些货，最多的时候，150双鞋摞起来有六七层鞋盒的高度，身材矮小的他每次都把自己淹没在一堆堆的鞋盒里。

2001年，佟德广和亲友借钱盖了间门脸房，店铺资金的周转、上有老下有小的日子让佟德广一度负债二十几万元。

面对生活再一次的挑战，佟德广开始没日没夜地奔忙。凌晨进货，清晨归来，白天修鞋，一天只睡两三个小时。进货的时候，有时车开到半路，车胎扎了、车子坏了，佟德广就推着一车子的鞋，走三四里路，到处找人帮忙。认识的、不认识的，热心的、冷漠的，他都张过嘴，但回家后却只字不和妻儿说。

佟德广的爱人段大姐为人朴实、不善言谈，面对我们的镜头显得有些拘谨和不安。但就在我们采访一家人后的第四天，我的手机收到了我从业以后，采访对象发来的最长的一条短信。

图8 采访归来，佟德广的爱人段淑凤给我发来了一条很长很长的短信

"您采访我时我太紧张了，也很激动，我和我老公一路走来，他是那么的不容易，他吃的苦从来不跟我说，我都看在眼里，疼在心里……他这几十年给我们奉献的太多，太多了。我希望在电视里感谢我的老公，所以我跟您说了那么多，老公我永远爱你，支持你，下辈子还跟着你。"

14 年过去了，昔日的欠款早已还清，两个儿子也已成家立业，300 平方米的三层小楼是佟德广祖孙三代现在的家。当命运裹挟着个人，在时代的风云变幻里一路走来，佟德广用他坚毅的心和勤劳的手，谱写出了身处基层的中国家庭最美好的人生乐章。

三、是新闻，让我遇到你

我总和别人说起，特别幸运的是，我不只是一名主持人，还是一名能够去到新闻发生一线的记者。新闻发生，我在现场。

十几年的记者经历，下乡镇，走街道，我看到过最朴实的民居、最生动的表情、最美好的心灵。当然，在采访中，我也曾遇到过采访对象指着我问，作为记者，为什么不帮他反映下生活上的困难，被质问他们家门口的红绿灯还没安好，这个事情我敢不敢报。

作为记者，我们在坚持正确的舆论导向的同时，把目光聚焦基层，关注人民。我们在问题来了的时候，为百姓答疑解惑，为政府传递权威发布之声。作为政府和人民之间的桥梁纽带，有时候，有些来自基层一线的误解，我们必须学会承担，并且把它们变成鞭策我们做得更好的力量所在。

记者，是这样一群人。他们当然知道这个世界上，有时候很多角落里的阴暗面可以被放到很大，但他们更相信，这世上无处不在的美好和光明。他们如立于时代潮头之上，记录历史，瞭望远方。守着初心，手举火炬，即便周身已被烤得通红，也要让这光照到更多人的身上。

党的二十届三中全会审议通过的《中共中央关于进一步全面深化改革、推进中国式现代化的决定》明确了进一步全面深化改革的重大原则，其中一条是"坚持以人民为中心"。

习近平总书记指出："改革发展必须坚持以人民为中心，把人民对美好生活的向往作为我们的奋斗目标，依靠人民创造历史伟业！"[1] 深入学习领会习近平总书记重要讲话精神，学习好贯彻好党的二十届三中全会精神，必须牢牢把握"坚持以人民为中心"这一重大原则，尊重人民主体地位和首创精神。人民有所呼、改革有所应。

比起"无冕之王"的繁华虚名，媒体工作者更多的时候要面对孤独的坚守和埋头苦干、稳扎稳打的工作，责任比桂冠更重。历史是人民书写的。只要深深扎根人民、紧紧依靠人民，改革成果由人民共享，我们就可以获得无穷的力量，风雨无阻，一往无前。

我愿意做那个周身通红、手举火炬的人。

1. 以爱的名义　给你生的阳光

2017年6月13日，我发了一条微信朋友圈：

> 今天，是我作为一名新闻工作者以来最为悲痛的一天。我曾经采访过的身患慢性活动性EB病毒感染的小姑娘郭研永远地离开了我们。工作六年，我采访过数不清的人，看到过各式各样的面孔，体验着世间冷暖，而今天，我真的很难过。日子每天重复，生活是不是早就麻木了你本来敏感的心？身上压着的砝码越来越多，你还记不记得去看看那些质朴的脸、善良的灵魂？走了那么远，你还愿不愿意用你的肩膀担起应有的道义，关注最普通却最美好的人？

时间倒回2015年8月的一天，我和摄像走进位于通州区西集镇供给店村郭研的家。那个时候，郭研一家正在和一种叫作慢性活动性EB病毒感染的疾病做着斗争。

---

[1] 习近平：在浦东开发开放30周年庆祝大会上的讲话［EB/OL］.（2020-11-12）［2024-09-11］. https://www.gov.cn/xinwen/2020-11/12/content_5560928.htm.

我们能明显感受到孩子的病情给这个家庭带来的沉重和焦虑。小郭研一直抱着妈妈不肯松手，而妈妈刁玉宏则不时地转过头去抹着眼泪。

眼前的郭研和桌上摆放着的照片里的她判若两人。由于药物的副作用，在短短四个月的时间里，郭研的体重长了近20斤，脸部肿胀得像个饱满的小气球。

我心疼地用手摸摸她的脸，对她说："现在你的身体是最重要的，对吧？先把身体养好。而且你现在也特别可爱，你看我们都特别喜欢你。"郭研轻轻地点头。

而比起外貌的变化，最让父母痛心的，是郭研性情的变化。

母亲刁玉宏告诉我："我让她再去找小朋友玩，她说不想去了。我说为什么？她哭着和我说，小朋友们都说她是病号。小朋友们都是好的，但她不是。"刁玉宏瘦小的身体微微颤抖着，被泪水泡过的脸显得更加苍白。

郭研是从2015年4月开始持续发烧的，最初家人都以为是普通的病毒性感冒。经过反复诊疗，7月，郭研被诊断为慢性活动性EB病毒感染。据医生介绍，目前这种病症国际上没有特效药，也没有统一的治疗方案。最新的化验结果显示，郭研细胞内外的病毒数都在增长。

治疗过程中，郭研需要持续靠激素类药物来抑制体温的升高，并出现了急性心肌炎、急性支气管炎、低钾血症等并发症。医生建议郭研先进行保守的细胞免疫疗法，并做好进行骨髓移植的准备。

郭研父母的血液配型结果并不理想，父亲郭立新远赴内蒙古去取孩子小姨的血样。郭研每天都会给远在内蒙古的小姨发微信，问小姨能不能带她去看看外面的世界。每当小姨回复，等她好了就带她去好多好多地方买很多很多的东西时，郭研都会说："可是我等不了了，我没有那么长时间了。"

如此凶险的疾病对这样一个本不富裕的家庭来说，打击无疑是毁灭性的。采访中，刁玉宏微弱的哽咽声逐渐变成了连续的哭声。

"每个家庭都有孩子,你应该知道孩子在父母心中的位置,还有对于这个家庭来说,她有多重要。我想过我要是能代替她,我替她去承受这样的痛苦,但是我又没有办法去代替她,所以一下子感觉特别无助。孩子他爸爸说了一句话:感觉家里的天一下子都塌下来了。"

图9 这是我第一次见到郭研。由于药物的副作用,在短短四个月的时间里,郭研的体重长了近20斤,脸部肿胀得像个饱满的小气球。图片来源:《通州新闻》 摄像:赵卓鹏

郭研的遭遇经过我们以及其他各级媒体报道后,引起了社会各界爱心人士的关注。从供给店村到西集镇再到整个通州区,从政府到百姓,从企业到个人,掀起了一场爱心接力。短短几天时间,郭研收到的捐款达到20余万元。郭研的妈妈说,她最希望的是能给孩子找到更加有效的治疗方法,如果孩子的病能彻底治愈,多出的捐款她愿意拿出来回报社会。

后来,我和同事们多次去报道过郭研的病情,希望为她筹集更多的治疗费用。在我心里,我们只是做了我们作为记者应该做的,但善良的郭

研一家却总是希望以各种形式感谢我们，自家炸的咯吱盒、自己种的红樱桃。

有一天，正在休假的我接到同事的电话，说郭研的病情最近比较稳定，郭研妈妈想带着孩子去台里看看我。但因为时间紧张，我来不及赶回台里见郭研。我托同事把我买给郭研的小熊玩偶送给她。从此，郭研妈妈的微信头像就换成了女儿抱着小熊的照片。

我总觉得，作为新闻工作者，或许，我们做得可以更多。

遗憾的是，我们的努力没能挽留住郭研的生命。2017年6月12日，年仅九岁的郭研永远地离开了我们。

面对女儿的离开，善良的郭研妈妈忍受着巨大的悲痛，在朋友圈里向所有帮助过她们一家的人道谢。

整个事件中，除了新闻，我想，你能看到更多。当郭研生病时，社会上源源不断的爱心救助；当被别人无私帮助的时候，郭研一家所表现出来的善良和感恩之心。郭研一家是通州农村里再普通不过的一户家庭，当他们的困难、他们的冷暖被我们用镜头和话筒记录下来的时候，我相信，社会上汇聚起的温暖，在某个时刻，曾照亮过这个家的天空。

郭研，死亡不是生命的终点，忘记才是。世界的另一头，希望你一切都好。我把你的故事，记录下来，讲给更多人听，让大家记得有一个坚强懂事的小姑娘，曾经来过。

2. 灵魂摆渡者——邓磊

我曾经在采访中有过一次被吓哭的经历。

2012年夏天，天气炎热，走进通州区殡仪馆的时候，我却明显感觉到屋内的阴冷。抱着摄像机和民政局的工作人员一起跟着殡仪馆的馆长沿着长廊向里走，耳边充斥着似有似无、忽强忽弱的哭喊声。那次，是我生平第一次走进殡仪馆，里面特殊的氛围让我一时间脑子一片空白，来不及反应已经随馆长走到一个大厅门口。我问已经走进屋里的馆长，这里是什么地方。馆长很轻松的一句"给尸体做美容的"，却让我一下子乱了阵脚。我抱着摄像机呆呆地站在原地，眼泪已经不知不觉地掉下来了。

此时，屋里一位年轻人满脸和善地招着手，向我走来。他就是那天我的采访对象——通州区殡仪馆的火化工邓磊。他安慰我说第一次到这里肯定不适应，他们每天在这里工作都习惯了，他现在晚上值班都是自己住在这里，没事的，不用害怕。

我记起初次见到邓磊的时候，明显感觉到他几次伸出手又犹豫着要不要和我握手的迟疑。最终，他没有选择和我握手。入职以后，不再轻易和别人握手，不和来者说"欢迎光临""再见"这些礼貌用语，是邓磊的职业素养。

"80后"的邓磊，面容年轻、精神饱满。你很难把面前这个年轻人和他的职业联系到一起。邓磊的办公室周围是玻璃砌成的透明墙面，坐在里面采访他的时候，不时能看到外面有推着死者遗体的车一辆辆经过，撕心裂肺的哭喊声不绝于耳。对于这样的环境，26岁就来到这里工作、已经有六年工作经验的邓磊习以为常。

经过交谈，我得知，那天我所看到的，只是邓磊工作中很小的一个侧面。打扫庭院、火化遗体、为遗体整容、连续48小时工作、晚上值班的时候睡在停尸房旁边的办公室里，这些在邓磊看来，是最熟悉又最日常的工作。

每年，火化组都要处理一些非正常死亡人员的遗体，诸如交通事故、凶杀案件以及溺水、服毒丧生的死者，这些遗体有的已经高度腐烂、面目全非，邓磊总能镇定自若地和班组人员一起对遗体进行清洗、缝合、穿衣、整容，让饱受人间痛苦的不归人安安静静地带着尊严离去，让逝者亲人不留遗憾。

在一般人的眼中，殡葬工作简单、机械，甚至冷酷，只要胆子足够大就行。而邓磊却说，要干好这行，不但需要精湛、规范的技术，爱岗敬业的奉献精神，更需要不同于常人的勇气与执着、真情与耐心、热情与奉献。

工作六年，看惯了生死离别，邓磊坦言，有时他觉得干这个工作会给自己的家人带来一些困扰。但邓磊又说，这是工作，总得有人做，既然做了，就要对得起这份工作。

从看着逝者遗体进入殡仪馆，到最后在火化炉前肃穆地把死者送上通往人生终点站的末班车，作为为逝者落幕和倾听生者悲情的灵魂摆渡者，邓磊说，做好人性化服务，体谅逝者亲属的悲痛心情，尽量满足逝者亲属的合理要求，是他作为殡仪馆职工义不容辞的职责。

春夏秋冬，四季交替，六年，两千多个日夜。邓磊把自己的青春年华毫无保留地奉献在了这个很多人讳莫如深的人生终点站。

虽然难于承认，但大部分人都一如既往为生拼搏而从未认真思考死的含义。那次的采访，是很好的一次有关生死的人生课。而作为新闻工作者的我的责任，则是通过真实报道与记录，让更多的人去了解甚至理解像邓磊一样在特殊工作岗位上工作的人们，让辛勤耕耘的人们的汗水和付出得到应有的尊重和认同。

3. 守着初心　静待果熟

春末夏初，在位于通州区漷县镇罗庄村的一处占地165亩的农业专业合作社蔬菜大棚里，负责人李少华正在和社员们低头忙碌着。早上五点半起床，六点半进棚，李少华每天的生活就是在绿色的世界里和瓜果蔬菜打交道。炎炎烈日下的温室里，止不住的汗水在李少华被晒得黝黑的皮肤上流淌。

李少华从小在农村长大，对土地有着特殊的感情。从2009年开始关注农业食品安全后，李少华一直在思考，小时候自己吃的蔬菜瓜果都那么有滋有味，现在在市面上却很少能买到。怎样才能种出让消费者吃得安心的健康蔬菜，让大家能再尝一口儿时的味道呢？

带着一股不服输的劲头，2012年，学习金融专业、本来在银行工作的李少华带着农村儿女对土地的深厚感情毅然决然放弃年薪百万的工作，走出金融圈，投身绿色蔬菜种植领域。这一干，就再没停下来。

创业摸索的十几年间，李少华经历过创业初期由于种植经验太少，无休止地和病虫害斗争的难题，遭遇过资金短缺、四处筹钱的窘迫。每天和土地朝夕相处，李少华慢慢地探索出了越来越多的种植技巧和创新技术。也采用自动灌溉、水肥一体化技术，把新型富硒农用酵素当肥料，种植出了甜脆的冬季水果萝卜，果香四溢、口感浓郁的西红柿，直立生长在藤蔓上的脆甜小西瓜……

李少华希望通过自己的努力，让越来越多的人一年四季都能享用到健康好吃的瓜果蔬菜。因为严格遵照植物生长规律，绝不添加催熟剂，李少华的蔬菜成本较高，产量有限。但吃过李少华种植的蔬菜的人，还是愿意和她一起，慢慢等待果蔬成熟。

从2017年10月开始，李少华的农业专业合作社会给附近一些需要帮助的独居老人、残疾人家庭和潭县镇敬老院免费送去上千斤的新鲜蔬菜。潭县镇罗庄村和穆家坟村的很多空巢老人和孤寡老人都吃过来自李少华农业专业合作社的免费菜。因为李少华的菜全部按照有机方式种植，纯绿色、无污染，吃到蔬菜的人们都会不约而同地说，在李少华的菜里能吃出小时候蔬菜的味道。

为了能方便更多人购买绿色蔬菜，李少华利用网络建起了蔬菜销售微信群，线上购买，线下配送。在当地政府和妇联的大力扶持下，李少华的农业专业合作社的发展环境也越来越好。

近悦远来　心向往之——我在北京城市副中心当主播

作为一家提供蔬菜种植、销售等多方位发展的农业合作社，李少华的北京圆梦缘农业专业合作社目前总占地面积200亩，包括农业科技展示区、设施果蔬高效种植区、春秋棚新品种试验区等3个区域。合作社从2017年开始定位主打种植西红柿、西瓜、甜瓜、冬季水果萝卜等通州特色蔬菜，每年蔬菜供应1200多吨。2021年合作社更是进行了有机认证，2023年被评为北京市生态农场和全国巾帼建功先进集体。目前，园区每年供应高品质番茄60吨以上，仅番茄一种蔬果，年销售额就达到120多万元。[①]

李少华说，对于种菜，她有着自己的初心：让家人朋友、老人孩子都能吃上放心健康的无公害蔬菜的初心，让吃到她种的菜的朋友们都能吃出小时候味道的初心，让高科技的种植技术在更广阔的农村土地上播撒的初心。

从当初带着对土地和农村的感情毅然辞掉工作，一头扎进农业蔬菜种植领域，到遭遇技术和资金紧张的难题，再到今天她种出的健康菜受到越来越多人的认可和喜爱，李少华在"新型职业农民"的道路上，守着初心，静待果熟。

"筑巢引凤栖，花开蝶自来。"作为具有敢闯、敢创新精神的新农人，李少华一心放在种植上，跑种子，跑技术，始终坚持安全农业、绿色农业，健康农业、节水农业。李少华说，她希望能有越来越多的年轻人可以投身农业种植领域，为新型农业发展带来更多活力和创造力。

4. "30+"农场主的百年果园梦

我认识1988年出生的"新农人"杨洋，是从认识杨洋的父亲开始的。2018年8月的一天，室外烈日炎炎。我和摄像走进通州区漷县镇后

[①] 刘睿韬.在圆梦缘体验高科技种出"小时候的味道"[N].北青社区报·副中心版，2024-06-05.

元化村的一处生态采摘园的温室大棚。尽管当天室外温度高达35℃，温室大棚内潮湿闷热，但为了能够栽种出口感更好的红心火龙果，采摘园园主杨淑贵仍然在和园里的师傅们一起不知疲倦地忙碌着。

大棚里红色的火龙果颗颗饱满、挂满枝头，白色无纺布袋子里藏着的新疆葡萄品种"马奶提小蜜蜂"晶莹剔透、小巧可爱。但此时的我和摄像根本无暇欣赏这些美丽的果实。当时大棚内又闷又热，早已让我和摄像汗流浃背，像拧开了的水龙头，汗水顺着额头不住地往下流。摄像每拍摄几个画面就要跑出大棚透透气，而我已经热到走路打晃的程度。扭头看看一旁的杨淑贵，他还在细致地为我介绍每一种水果的种植技巧和口感特色。我不忍心打断他，强迫自己认真听，并暗自要求自己再坚持一下。

杨淑贵随手掰下一颗火龙果，热情地递给我说："尝尝，可甜了！"此时的我已经被热到要晕厥的状态，不仅吃不下一口东西，还感觉胃里一阵阵恶心。我急忙说："不用不用，谢谢您。"杨淑贵看我没接果子，干脆剥起了果皮，三下两下就把一个火龙果剥好递到我面前，说："自己种的，特健康，您一定要尝尝！"我抬眼，看到杨淑贵黝黑的脸上汗水不住地往下淌，脸上挂着农民特有的朴实和真诚的笑，一排整齐的牙齿显得愈发白。我扭头看一眼摄像——老搭档韩强正冲我使眼色。我能理解他的意思：知道你吃不下，但也尝尝吧，再不吃不合适了。

盛情难却，我接过果子，低头咬一口，汗水顺着额头一直流过眼睛。说实话，近40℃高温下的火龙果温温热热的，吃不出很甜的感觉，但采摘园主杨淑贵黝黑脸上挂着汗珠的笑，却给我留下了深刻的印象。

杨淑贵就是杨洋的父亲。杨洋本来在某知名央企上班，又赶上家里拆迁，有些积蓄，日子过得安稳、舒服。2015年，父亲杨淑贵做了次心脏支架手术，术后便一心想拿家里的拆迁款做农业。

"我父亲说因为自己的身体出了问题，就想着搞农业，种点绿色健康的农产品给大家伙儿吃。"

但半路出家干农业的杨淑贵一时也找不到好方法，承包地、买种子、找工人，投进生态园的资金像滚雪球一样越滚越大。果子熟了，却找不到销路。看着终日为果园劳心劳力的父亲和工人们一起把果子推到村口论堆便宜卖，杨洋有些坐不住了。他辞掉了工作，帮父亲一起经营起采摘园，干起了农业。杨洋说："就算是为父亲实现他的梦想吧。"

从此，无论严寒酷暑，采摘园成了杨洋的家。为了方便种植、随时查看果园情况，杨洋在采摘园旁边的一间简易房里住了下来。屋子里的基本设施就是一张床，上面随便铺着被褥，屋里和屋外的温度基本一致，冬天冷、夏天热。

有一次我和同事们去漷县镇进行"我为群众办实事"直播推广活动，直播带货的地点，正好选在了杨洋的果园附近。我们就临时借用了杨洋果园旁的一间闲置的房子进行直播。那时候正是冬至刚过，气温很低。室内没有空调、没有暖气，屋外寒风阵阵、阴冷刺骨，而屋内和屋外的温度又基本一致，所有直播工作人员全程都瑟瑟发抖。杨洋几次和我表达歉意："姐，我平时料理果园就住在这附近，我那屋子还没有这间好呢。不过我一年到头都习惯了，真是让你们受罪了。"

无论寒风凛冽还是烈日当头，杨洋都固守着这片果园。采访杨洋的时候，30岁出头的杨洋看着要比同龄人大很多。同样是一脸黝黑，笑起来牙齿齐齐的、白白的，一道道的皱纹挤到一起，看上去敦厚又喜庆。

转眼冬去春来，当我们再次走进后元化生态园采摘园的温室大棚时，郁郁葱葱的果树间，垂吊着的一条条"紫红色毛毛虫"引得不少游客凑近一探究竟。这些加长版桑葚的果子比成年人的手指还要长一些，用手捏上去，肉乎乎、软绵绵，是杨洋的得意之作。

"这小果子有意思吧？它叫'长果桑'，是'保健圣果'。现在成熟了，正是采摘的好时候。"

杨洋向我们介绍，长果桑是专家将我国台湾省的大果桑和野生长果桑经过多次授粉研发改良而成的。2015 年，后元化生态采摘园将其引进大棚试种成功，目前是北京首家规模化种植长果桑的基地。如今，十多亩长果桑全面挂果，3 月上旬开始至 5 月中旬，果子丰收进入采摘期。从长势来看，产量预计在 7000 斤至 8000 斤。目前正是采摘的最佳时期，价格为每斤 100 多元。

"长果桑不耐储运，以前咱们北方人很难吃到，我们从 2015 年开始研究栽植挂果，2018 年少量挂果，2020 年产量逐渐稳定，到现在让咱北方人也能吃上新鲜的热带精品果。"

像长果桑一样，杨洋果园里的很多水果价格并不便宜，但因为新鲜、健康、口感好，杨洋的果子得到了很多消费者的认可。以前按堆儿卖水果的日子一去不复返了。

眼看着生态采摘园逐渐有了起色，杨洋又开始了红红火火的直播带货。借助互联网平台，果园有了很多真爱粉。尊重科学、运用科技、遵循流量规律，让杨洋种的水果被更多的网友认识并认可，不到一年时间，杨洋直播间的粉丝量已经达到了 3 万多人，并获评某互联网平台的北京市农家乐采摘好评榜第一名。

每次一有机会见到我，杨洋总会急着和我演示顺带传授经验："姐，这直播带货，你吃的时候得放得开。你们每次试吃的时候都太文雅了，你看，得像我一样。"杨洋说着，咔嚓一口，咬向手里的果子。大口的果肉在杨洋嘴里爆开，映衬着他满足而自豪的表情。

"新农人"杨洋是真的很热爱自己的果园种植事业，主持人们也真该有机会多来田间地头看一看，感受一下这热气腾腾的泥土味和满园果香。只有这样，扎根基层，我们的表达，才能是真挚而热烈的。

党的二十大报告提出，要全面推进乡村振兴，坚持农业农村优先发展，加快建设农业强国。这几年，一直埋头干农业的杨洋也认真学习了党的二十大报告。关于农业的一些关键句、关键词他反复研读了好几遍。杨洋告诉我，做农业，一定要多关注国家政策。虽然他也是半路出家，但在村里的这几年，他明显感觉到，路好走了，环境好了，尤其是农业产业发展的环境越来越好。

杨洋说："党的二十大报告再次明确了乡村振兴发展战略，对于我们搞农业的人来说，像是被注入了一剂强心针，我的百年果园梦更清晰了。"

祝福像杨洋一样坚守一方热土的新农人，能够在副中心这片生机勃发的土地上，栽植出更多甜美的果实。

四、致匠心

党的二十大报告指出："加快建设国家战略人才力量，努力培养造就更多大师、战略科学家、一流科技领军人才和创新团队、青年科技人才、卓越工程师、大国工匠、高技能人才。"从大国重器到民间传承，中国工匠们始终以专注和坚守书写新时代的篇章。

在城市副中心的工艺美术行业，有这样一群人，他们精于工、匠于心、品于行，在各自的工作领域，以工匠精神严格保证作品品质，以执着之心守护手艺传承。

1. 指尖上的非遗——掐丝珐琅

2018年五一劳动节前夕，当我们走进熊松涛位于漷县镇的掐丝珐琅手工工坊时，手工师傅们正在一丝不苟地低头忙着手里的活儿。用镊子把金属丝掐成各种线条和图案，再把掐好的图案粘到银胎上，经过多次上釉、烧制、打磨，一共53道工序，一件色泽艳丽、巧夺天工的艺术品才能逐渐呈现在人们眼前。作为熊氏珐琅的第三代传承人，20年间熊松涛沉浸在掐丝珐琅精巧的世界中，倾注了所有的专注。他用"不疯魔、不成活"概括自己对珐琅艺术的感情。

"当你在研究这种工艺的时候，你每天脑子里想的不是别的，都是怎么去解决工艺问题，解决技术问题。"

作为非遗传承人，熊松涛从事景泰蓝技艺传承工作已经20余年了。对于掐丝珐琅的技艺，熊松涛有着手艺人独有的严苛，更看重时间的积累和沉淀。

53岁的李凤霞20岁时就来到熊松涛的手工工坊工作。这门掐丝的手艺随着33年的时间流逝，逐渐熟能生巧、巧而变精。

掐丝珐琅艺术品上的花纹都是像李凤霞一样的师傅们纯手工把金属丝一点点掐上去的，其中最细的素丝只有0.04毫米，比头发丝还要细。仅一个高28厘米的花瓶上的金属丝展开后就有1500米长。一个小小的花瓶需要熟练工人半年到一年的时间才能完成。和现在信息传播海量、迅猛的网络时代相比，熊松涛的手工工坊像个世外桃源，在这里，时间在手工艺者的精研中变慢。

熊松涛说："如果你精耕细作，把自己真正的感情和经历融入作品中，这个作品就变得有了灵魂。它是活的。踏实传承，能够真正一生只做一件事，我觉得这才是一个工匠。"

2012年，在北京保利秋季拍卖会上，熊松涛的处女作，一款"蝶恋花"掐丝珐琅表盘拍出了80万元的高价。独创的珐琅表盘工艺惊艳了世界。熊松涛也在用行动告诉世界，对于传统技艺的创新与传承同样重要。

图 10　熊松涛制作的精美的掐丝珐琅作品，让我在采访中几次忍不住赞叹中国传统手工艺的巧夺天工

2. 中国娃娃的传承与创新

2022年12月，习近平总书记对非物质文化遗产保护工作作出重要指示强调：要扎实做好非物质文化遗产的系统性保护，更好满足人民日益增长的精神文化需求，推进文化自信自强。要推动中华优秀传统文化创造性转化、创新性发展，不断增强中华民族凝聚力和中华文化影响力，深化文明交流互鉴，讲好中华优秀传统文化故事，推动中华文化更好走向世界。

对于传统手工艺的发展，传承与创新缺一不可。传承不息、创新不止，才能让经受岁月考验的传统手工艺历久弥新。在城市副中心的京合坊绢人制作间，手工艺人手里的每一个娃娃都有一段美丽的故事。

在位于城市副中心张家湾设计小镇的京合坊绢人制作间，何梅和金格格两位创始人在发扬国家级非物质文化遗产代表性项目"北京绢人"工艺的基础上，一位致力于钻研传统技艺，一位专心负责技术革新，让有着一千多年历史的"北京绢人"以崭新的面貌惊艳世界各地的人们。

走进京合坊绢人制作间，你就走进了一个美轮美奂、栩栩如生的娃娃的世界。等待组装或即将做好的各式各样的绢人在手工艺人灵巧的双手下逐渐生动、鲜活起来。作为北京特有的一种传统民间艺术品，绢人以丝绢为主要材料，需要通过翻模、"赛秀"绘画、掐丝等多道工序制作完成，对手工艺者的技艺有着苛刻的要求。

京合坊创始人之一的何梅，师从手工艺术家齐聪颖，十几年间秉持着对老手艺的尊重和敬畏，为做出更加精美的绢人而潜心钻研。

我问何梅，她怎么看待工匠精神？

何梅没有正面回答我的问题，却在言谈间不断和我强调着年轻人关注传统手工艺的重要性："我为什么说工匠精神很重要。现代社会，你让年轻人把心踏实下来，认认真真地去做好一件事情，真的挺难的。所以我希望，首先从我自身做起，把这项工艺好好地传承下去。"

制作绢人的身体，要先用铅丝做出骨架，用纸缠绕后，再拿棉花裹实，让绢人"长"出肌肉。传统绢人的头脸、双手都用蚕丝制作，周身全部选用上等丝绸、纱绢做成，工艺极其考究。六层丝绸，甚至更多层，一层一层裱糊复合上去，需要贴合得严丝合缝。一个最简单的绢人也要熟练工制作近半月的时间，成本高昂。由于制作周期太长，且价格昂贵，厂里曾经面临订单越来越少、几十个工人发不出工资的困境。如何让更多的人认识绢人之美，又不放弃对传统绢人的传承，成了两位创始人争论的焦点。

何梅拉着我，拿起一个又一个绢人给我看细节："靖楠，你看，它的工艺是好的。但是你如何能够让这种工艺在现代这种形势下焕发出新的光彩来？那必须想办法让它革新。如果你不想办法革新，就面临被市场淘汰的风险，那我们这门技艺就真的失传了。"

经过无数次的方案研究和思想碰撞，工作室决定，在保留一组人马对传统绢人进行制作和技艺传承的同时，开发另一条生产线，在材质和工艺上进行革新，制作出让更多老百姓买得起的"中国人偶"。而正是这一革新，使企业有了继续生存下去的资金。

金格格对绢人下一步的发展有着很清晰的规划，"我的想法就是让绢人更富有实用价值。只有经济效益提高和稳定，才能吸引更多人才投身到传承手工艺这个行业。我们的传承才是越来越有希望的。"

之后，京合坊更是让创新的步伐迈得更大。为了让更多人感受到北京绢人的魅力，设计师和制作者们联手，让绢人手工艺与人工智能科技、动漫形象相融合，开始了跨界发展之路。

图11 京合坊在原有绢人制作工艺的基础上，经过技术改良，创作出了更多栩栩如生的中国娃娃

如今，京合坊的中国娃娃已经行销世界各地。十多年来，何梅和她的团队设计并生产出 500 余款中国人偶，将北京绢人推向市场、带进校园，在更丰富的场景中，不断探索老手艺的新传承。来自城市副中心的中国娃娃也以其出神入化的制作工艺惊艳了越来越多的人。

3. 在陶与瓷的世界里淬炼匠心

周相春是北京向村艺术馆的馆长。我在十年前，就走进过他的向村陶艺咖啡馆。当我第一次走进周相春用一双巧手造就的陶瓷世界的时候，就被里面各式各样、栩栩如生的陶瓷作品惊艳了。

在位于城市副中心宋庄艺术小镇的向村陶艺咖啡馆里，古朴粗犷的陶，光洁清润的瓷，经过高温烧制过的不同材质、不同姿态的陶瓷作品静悄悄地褪去温度、沉淀光华。它们带着生命的灵动，展现着静谧的美感。一角的咖啡吧台弥漫出阵阵香气，氤氲着屋子里的陶瓷作品。这里，一半是周相春的艺术殿堂，一半是他归居田园后的栖息之地。

我去向村陶艺咖啡馆采访过很多次，每次采访都像是和老朋友见面，面对面坐在桌前说工作、聊生活、谈理想。说累了，摄像就举着镜头自顾自地在各个角落拍画面，我则在馆里四处逛逛，看看周老师有没有又创作出带给我们惊喜的新作品。在这里，时光变慢，对美的感知也变得灵敏而纯粹起来。

从 1992 年创建陶艺工作室，到 2006 年开始研制陶瓷一窑烧制的技艺，再到现在醉心于运河系列陶泥塑像的创作，30 年间，我们熟悉的周相春依然情系一捧陶土、心怀一腔赤诚，在陶与瓷的世界里流连忘返。

2007 年，毕业于中央美术学院油画系的周相春带着回归自然的本心，在运河畔的宋庄艺术小镇开办了这家陶瓷馆。小小的陶瓷馆里，蕴藏着周相春绵长的陶瓷梦。

中国陶瓷从一万年前的新石器时代走来，经过丝绸之路、跨越历史长河，成为享誉全球的文化名片。千百年来，世代中国人遵循着黏土烧至

700℃成陶、烧至1230℃瓷化这个亘古不变的法则，一次烧制，只可成瓷或成陶。而周相春却突发奇想，能不能尝试让强调泥土本质的陶和精致透润的瓷合成一体，一窑烧成？

2010年，周相春开始研制陶瓷一窑烧制的技艺。由于陶胎和瓷胎烧制过程中的收缩比例不一致，一窑烧制难度巨大。在经过无数次的失败和改进后，中国人世代遵循的古老法则在周相春的坚持下幻化出了新的生命体，一窑烧制的陶和青花瓷合一的作品终于成功了。

探索和创新的脚步不停，带着对古老运河文化的尊崇与热爱，周相春开始了运河系列陶泥塑像的创作。腰间绑着葫芦的运河娃、辛苦劳作的运河纤夫、运河岸边忙碌的买卖人，都以最真实、质朴的状态展现着充满烟火气的运河人家和市井文化。一块块普通的泥巴，就在周相春的指尖，经过时间的打磨和炉火的烧制，化腐朽为神奇。

图12 周相春的运河系列陶泥塑像让运河岸边的纤夫形象穿越时空鲜活起来

"人手和泥之间的这种契合，能够让你的作品产生语言。用你的手，用你手里的那块泥巴，去说话，去表现出你的心声。我觉得这本身不是在跟泥交流，实际是在跟生命交流，跟自己对话。"

素胚婀娜、釉色浓郁。周相春告诉我，大运河文化源远流长，有太多艺术宝藏值得我们去探究和挖掘。未来，他将在作品中加入更多有关运河的元素，让不同材质、不同形态的作品彰显出新时代的通州魅力、副中心风采，让古老的陶瓷文化和运河文化融合出新的陶瓷语言。

周相春说："一个地域的文化根基很重要。也许若干年后，在博物馆里，会出现我们的作品，这是我们为历史留下的东西。"

五、运河两岸是故乡

每一座城市都有自己独特的风景，每一个故乡都有时光抹不去的味道。城市副中心发展日新月异，千年之城的根基之下，埋藏着城市发展的脉络、历史沉淀的记忆、一代又一代运河儿女奋斗的痕迹和他们抹不去、化不开的乡愁。悠悠运河长，运河两岸是故乡。我采访过的那些老通州人用生命记录这座千年之城的发展与巨变，并和来到这里的新通州人一起见证了城市副中心最美好的发展和变迁。

1. 燃灯塔的述说

66岁[1]的安祝生说，自己是燃灯塔下胡同里长大的通州娃。对他而言，塔如老人，述说历史、见证古今。

作为通州八景之一，坐落于通州北端、运河西岸，距今已有1400多年历史的燃灯塔，是通州历史的见证，也是通州人心中的集体记忆，被很多老通州人亲切地称为"通州塔"。

---

[1] 注：此为接受采访时采访对象的年龄，以下同。

对从小在塔下胡同里长大的安祝生而言，通州塔是见证他66年人生岁月的老人。每每站在塔下，安祝生都难以掩饰对通州塔的深厚感情和内心的浓浓骄傲。对安祝生而言，这座古塔汇聚了通州的文化底蕴，又用独特气韵延续着一辈辈运河儿女的文脉传承。

时代变迁，通州塔静静矗立，看岁月拂去尘埃，城市剥去旧貌、焕发新颜。如今的新华大街高楼林立，是繁华的街区主干道，而在安祝生的记忆里，这里曾是五行八作应有尽有、摆摊串街、叫卖声不绝于耳的通州宝地。走在熟悉的大街上，在车水马龙里，安祝生总能想起这条大街上的旧时光。

"这个地方就是当年的万寿宫。"安祝生带我走在如今整洁有序、道路宽敞的新华大街上。从他的描述里，我知道这里当年别有一番繁华景象。

"一位卖报的老人，每天傍晚五点的时候，就会准时把《北京晚报》推到这里开始售卖。瘦高个儿的老人，推着绿色的永久车，喊一嗓子：'《北京晚报》！'声音响亮而悠长，大街上从东到西的人们都能听得见。买报的人呢，也就应声而来了。"

当年两分钱一张的《北京晚报》陪伴安祝生走过了儿时的难忘时光。如今，走在从小长到大的胡同里，塔仍是塔，而四周景致却发生着日新月异的变化。在安祝生的眼里，这座高近50米、俊秀挺拔的通州塔历经千年风雨，也在用自己的视角见证着脚下这片土地每一天的变化。对于这塔、这街、这城，安祝生除了满怀感情，还有那发自心底的高兴劲儿。采访中，激动的安老兴致盎然地给我朗诵起了他写的诗歌。

"如今是一座座楼房拔地而起，一个个新区相继而立，一户户居民乔迁之喜，一处处幽香沁人心脾……"

2. 通州水边话乡愁

悠悠古韵、巍巍新城，在岁月与风霜的磨砺间，不同的城市沉淀出不同的味道。哈尔滨的冰，济南的泉，昆明的春……提起通州，你会想到什么样的味道呢？通州自古河流水系四通八达、融会贯通。喝着通州水、吃着水中鱼长大的冯勇说，那水似酒，盛满浓浓的乡愁。对他而言，乡愁就是那个时代的通州味。

冯勇从通州区农业农村局退休前，有过近 20 年和水产工作打交道的经历。对他来说，通州的水是渗透进骨子里的血液，流淌出温热又浓烈的乡愁。当我向他提起"我心中的通州味"的话题时，埋在他记忆中的乡愁一瞬间被唤醒，冯勇说他想用笔写下自己儿时家乡的事，说说水边的情。

"水是通州人的福运泉啊。"冯勇激动地说。

冯勇的老家在通州的最南边，村西口是港沟河。20 世纪 50 年代，河里的鱼、虾、蟹、蛤蜊多得是。村民们撒网捉鱼，方法五花八门。妙趣横生的"跳包"捕鱼法在冯勇眼中是村民们生存的方式，更是儿时抹不去的快乐记忆。

在垂直河岸的方向砸好木桩，串好的苇席绑在木桩上形成向上敞口的包厢，在包厢前埋好树枝，就等鱼自投罗网。大人们指定一个位置，让孩子们等在那里。一声令下，孩子们纷纷跳到水里，有的撩水，有的喊叫，有的狗刨，竭尽所能发出最大声响。鱼一受到惊吓不再向前游，而是突然蹿起，撞到预先埋伏好的树枝上，之后跳起来，正好跳进"跳包"里。这时候，孩子们都是一身水、一身泥，但欢笑声却此起彼伏。冯勇就是快乐的捕鱼大军中的一员。

当波光粼粼的河面被高高跃起的鱼群打乱了平静，水花激起清脆的响声，阳光照射在鱼肚和鱼尾上，反射出红白相间的光晕，那激动人心的场面和收获的喜悦，历经 60 年岁月，冯勇至今记忆犹新。

"有句词是'谁持彩练当空舞'。从水面跳出来的鲤鱼是红色的，午后的太阳光斜照在上面，那景色真漂亮。"

这是大自然给予在河边长大的孩子们的馈赠。

冯勇说，早年间很多人吃不饱饭，而且营养严重缺乏，生病是经常的事情。后来人们就发现了一种食补的好方法：有些人生病之后，去河里逮一条鱼，吃上几天之后，病自然就好了。这种方法挽救了很多人的生命，很是神奇。

多河富水是大自然对通州人的恩赐，而这河水也是生于斯、长于斯的通州人赖以生存的生命之河。通州水和水中鱼养活了冯勇家乡祖祖辈辈的人，也滋养了水边人家的生命。

一条大运河，穿越古今，纵贯南北，流淌千年。多年过去，如今，绵延的运河水静静流淌，运河两岸的人则以生生不息、生机勃发的姿态焕发出时代的新面貌。

3. 我家住在运河边

在民俗专家郑建山的心中，挥之不去的家乡味道是随运河水激荡的两岸风光，那里有三教庙、燃灯塔、大光楼，是随运河水相互交融的南北文化，传来古朴的故事和阵阵歌谣。

我采访郑建山的时候，他62岁，一生的时光，都在运河岸边度过。在他的心中，沿着迤逦运河生发的文化与情怀，广阔到南北商贸繁华，细微到小时候在运河里的嬉戏打闹。

郑建山说，那悠悠运河水承载了他成长的岁月。看到运河，就看到了家乡。而在身处京杭大运河北起点的通州百姓眼中，运河是哺育了一代又一代通州儿女的母亲河，它融汇血脉、贯穿古今。

明末清初，京杭大运河贯通南北，漕运商贾盛极一时。通州古称为"潞"，取漕运通畅、周济之意，改名为"通州"。南北文化汇聚于此、交流撞击，形成了灿烂深邃的运河文化。

"八里桥、燃灯塔、三教庙是祖先留给咱们的物质文明，而通州的民间故事、歌谣等则成了运河岸边沉淀下来的宝贵的非物质文化遗产。"说起悠悠运河水给通州人带来的不朽文明与宝贵财富，郑建山话匣子打开，娓娓道来、如数家珍。曾经在码头上留存千余年的铿锵有力的号子声，也在郑建山的讲述中，穿越时空，在今日的运河边回荡。

"'嘿呦嘿，嘿呦嘿'，这是船工一边拉纤一边在加劲。运河船工号子和黄河号子不同。黄河号子代表的是中华民族不畏强暴的精神，是怒吼、是奔腾；而运河号子应该像运河母亲一样包容善良，有韵律，但不激烈。"

郑建山童年印象里的运河号子声，像运河水一样，温润着他的整个童年。在郑建山的童年时光里，运河水清澈到他拿个碗跑到河边盛起水来就能喝的地步。但20世纪80年代初，随着经济的快速发展、城市人口和工业污水的增加，水系治理又相对薄弱，运河水曾经遭到严重污染。1981年，大学毕业后回到家乡工作的郑建山，一度认不出母亲河的模样。

而今天，经过几代人的努力，运河水重新焕发了生命的活力。无论是阳光普照的清晨还是华灯初上的傍晚，郑建山都要到运河边走一走，看看生他、养他、滋润他的这条母亲河，看看今天更美的家乡。

2024年6月，大运河申遗成功十周年之际，气势恢宏、抑扬顿挫的摇橹号打破了清晨大运河畔的宁静。一支由外国友人、北京"大运河体验官"及中外媒体代表组成的采风团从通州大光楼码头出发，开启了沿运河南下的采风交流活动。

现场唱响通州运河船工号子的是67岁的赵义强，他是这项非物质文化遗产的第四代传承人。随着对大运河文化保护传承利用力度的不断加强，在今天的城市副中心，运河号子唱给了更多人听。

此时，距离我采访郑建山已经过去了近十个年头。这十年，也是运河两岸发生巨变的十年。

目前，城市副中心建成碧水污水处理厂、河东再生水厂及张家湾再生水厂等污水处理设施166座，开展了53条、264公里黑臭水体治理工作。如今的大运河北京段水清岸绿，鸥鹭翔集。温榆河、小中河、通惠河、北运河、运潮减河"五河交汇"，当年"万舟骈集"的盛景仿佛重新浮现在世人眼前。北关闸、燃灯塔、大光楼与千荷泻露大桥、运河商务区等现代建筑交相辉映，流淌千年的古老运河焕发新生机，古今同辉的城市副中心生态城市图景正在徐徐铺陈。

4. 照片里和画笔下的城市巨变

作为土生土长的通州人，武政有四十几年的时间都在和相机为伴，用照片记录了通州的发展历程和城市变迁。身背相机，行走于通州的大街小巷，标志景观、绿道河边，用镜头记录下了时空变幻中，具有地方特色的通州人和通州景，用光和影的语言述说着升腾于运河岸边那浓浓的家乡味道。

1971年就开始从事摄影工作的武政，家里有很多大小、型号、新旧不同的相机和镜头。细心地打理它们，带着它们记录通州的发展变化，记录运河岸边的自然风貌和人文景观，是武政多年孜孜不倦的生活追求。

武政说，即使是一个地方的景色，一年中不同的季节、一天中不同的时间，拍摄出来的效果也绝对是不一样的。

在4.6公里长的通州大运河城市段两侧的亲水平台上，珍珠般散落着镌刻着运河沿岸17个城市人文风物精髓的微缩景观。它们通过地景雕塑的形式，记录当地最具代表性的人物、风景名胜和故事传说。从2006年开始，武政坚持用8年时间，拍摄近千张照片，记录下这些微缩景观在不同季节和光影变化中的样子。

常年穿梭于通州的大街小巷，行走在运河岸边，武政用自己的镜头记录下行进中的通州模样。随着时间的推移，旧的建筑变成新的，一些景物随时间消逝，但武政的镜头却让它们变成了永恒。

为了记录下同一景物在四季变换中的不同风貌，无论刮风下雨还是烈日当头，武政的拍摄从未停止。武政的小孙女自从懂事后就蹦蹦跳跳地陪着爷爷一起外出摄影，让武政辛苦的拍摄工作多了很多乐趣。武政说，他想让小孙女用自己的心灵去体会、感悟运河的伟大，然后把运河的美景传递给后人。

在武政家里一间4平方米的小屋的两个铁皮柜里，整齐地塞满了武政视若珍宝的东西——多年间他所有的摄影作品和收集的有关通州代表性人物及重大活动的各种音像、文字资料。他向我们一件件地展示着每一样收藏，而每一样收藏背后都蕴藏着一个完整的通州故事。无论是以前的通州还是现在日新月异的北京城市副中心，武政说，他想用他的镜头尽可能多地记录下城市建设中的影像，时代发展很快，城市变化翻天覆地，每一个画面都值得被记录、被记住。

和武政不同，1965年毕业于中央工艺美术学院建筑装饰美术系的赵兴斌作为国家一级注册建筑师，用他手中的素描笔描绘祖国万千秀美河山，记录通州建设步伐。

我采访赵老的时候，还是七年前，是赵老来到通州的第八个年头。在赵老的工作间里，有300余幅画作是关于通州的。那时候，北京城市副中心建设启动刚满一周年。短短一年间，城市发生了太多变化，如火如荼的工地建设场景，拔地而起的城市建筑群，让当时已经78岁高龄的赵兴斌兴奋地奔走在通州的大街小巷、乡镇街道，以速写图的形式真实记录下北京城市副中心的建设过程。

多年的建筑设计工作经历，让赵兴斌养成了在自己画作下写注释的习惯，就像当年在建筑图纸下方批注设计说明一样，赵兴斌的每一幅速写图下都写着几行文字，记录着他绘画时的时代背景和所见所感。正因如此，他也被很多人称为"用建筑画写日记的人"。尽管自己的画作被北京人民大会堂、钓鱼台国宾馆、外交部等多个机构收藏，赵兴斌却说自己不是画家，是"建筑师"。通州的很多建筑工地都留下了这位白发老人写生的身影。

在当年举办的宋庄文化艺术节"大运河文化带采风成果邀请展"的"通州记忆"单元中，赵兴斌的四幅"副中心工地速写"作品被展出。展览的最后一天，连绵不断的阴雨仍然没能阻挡人们对通州发展进程探寻的步伐，很多观众在赵老的画前久久驻足观看。

赵兴斌说，现在的通州发展很快，道路、桥梁、绿化、城市建设……整个城市都在大踏步地向前走。而城市在快速发展的过程中，也时刻体现着一种新的时代精神。秉持着智慧与科学性，如今的城市建设更环保、更宜居，人与自然也更融合。他用画笔一边画，一边就更热爱这片土地。

"古桥通向萧太后、羊马场，而今听不到战马嘶鸣，也看不到昔日的繁忙景象。深深的车辙，承载着历史的沧桑。"这是赵老写在自己画作上的散文诗。

把通州的古老历史与现代风貌都画下来留给后人看，用画笔记录今天的通州在北京城市副中心建设过程中的飞速发展和日新月异的变化，是78岁高龄的赵兴斌风吹日晒间仍然不辞辛劳、奔走于通州各个工地进行创作的动力源泉。采访结束的时候，赵老和我约定，等他来通州第十年的时候，要办一个有关通州的十年记忆展，那时再邀请我们来，一起看看城市副中心的喜人变化。

无论在武政的镜头里，还是在赵兴斌的画笔下，那些记录着通州这座城市发展的照片和画作，跨越了时代，定格了精彩瞬间，留下了所有老通州人或新通州人最美丽的家园记忆，也许下新时期城市副中心的美好愿景。

还记得为什么出发吗？当然。我有十年记者工作经历 |

图 13　赵老画笔下，正在飞速建设中的北京城市副中心。图片来源：赵兴斌速写手稿

2024年5月27日是北京城市副中心规划建设八周年。八年前，习近平总书记主持召开中共中央政治局会议，研究部署规划建设北京城市副中心。这座千年城市从此奏响建设序章。

八年来，北京城市副中心坚持高起点规划、高标准建设、高质量发展，落实区委"11311"工作体系，正一步一个脚印将宏伟蓝图变为生动现实，以跨越式发展答好北京市委"二十年之问"。

大运河畔、万亩绿心林海中的北京城市图书馆、北京大运河博物馆、北京艺术中心三大文化设施于2023年12月正式投入运营，成为副中心文化新地标。2024年还有不少"地标项目"将取得新进展：力争实现东六环入地改造、厂通路、环球影城北综合交通枢纽等项目完工，加快温潮减

161

河工程、轨道交通 M101 线一期工程、副中心站综合交通枢纽等项目建设进度,力促春明路、潮白河国家森林公园先行启动区等项目落地开工。①

近年来,北京城市副中心在医疗领域发挥着疏解北京非首都功能的重要作用。北京友谊医院通州院区二期开诊,北京大学人民医院通州院区国家紧急医学救援基地建设项目启动,北京胸科医院医疗综合楼主体结构封顶,北京安贞医院通州院区通过质量验收。此外,优质教育资源也在持续引入。2023 年,北京市十一学校通州实验学校挂牌成立、北京第一实验学校等投入使用……

作为主播、记者、新时代的媒体人,我和通州融媒的主播团队、编辑、记者一起,站在风起云涌的时代潮头,看到城市副中心每一天的新貌,并用手中的纸笔、话筒、相机真实地记录它,用美好的声音传播它,这是我的幸运和荣耀。

---

① 这一年,精彩纷呈百年不遇!时光与城市副中心的对答[EB/OL].(2024-05-26)[2024-09-11].https://baijiahao.baidu.com/s?id=1800130973476564984&wfr=spider&for=pc.

转换赛道——世界那么大，每处风景都要认真描画

2020年，在我来到通州、入职通州融媒第九年的时候，我的职业角色开始发生变化。从一名主持人、记者变成了通州融媒的一名部门负责人，开始从事管理工作。从以前外出采访只需要拿着话筒、纸笔，带回新闻报道的快快乐乐、无忧无虑的小记者，上台前把主持词背好溜顺，保证出镜状态美美的主持人，变成了需要思考全媒型主持人塑造、业务发展、团队建设、IP打造、牵头策划统筹直播及大型活动，甚至要考虑主持人团队在城市副中心媒体融合发展过程中的职责使命的部门负责人。这一路经历的，回头看看，一时竟不知道该怎么表达。如果不是这些文字让我们相遇，这些感触又与谁人说。

在工作中，为了保证效率与公平，和以前并肩作战、哥们义气的同壕战友还能不能一团和气？遇到工作任务过重时，应该坚持推动队伍去做还是业务出身的自己一手揽过？团队有意见分歧时，我应该拿出强硬的态度

还是采取春风化雨般的沟通方式？这些难题，谁来为我解答一下呢？

记得刚成为部门负责人的时候，我常会和领导半开玩笑地矫情几句："看看这半年，我这白头发长的，我以前可是一根白头发都没有。"现在想想，真幼稚。听我说这话的领导不知道要独自面对多少我见都没见过、想都想不到的难题。

当然，作为从一线业务岗干起的管理者，我有时候也会扪心自问。一线干业务的人容易吗？一个又一个任务、一场又一场直播，手里的活还没干利索，又压过来一个。外面狂风大作、暴雨倾盆、烈日当头，高温预警，该出去采访拍摄还是要往外冲，在户外大太阳暴晒下主持一整天活动还是要保持职业微笑。层层审核的短视频、完不成的任务量、深夜加班、突击检查考勤、必须及时回复的"好的，收到"……

所谓成长、成熟，是不是就是能站在别人的位置上，设身处地想想他人的不容易。见到的风景越多，世界的侧面越多，越能接受事物的多样性，然后云淡风轻地说一句："须知参差多态，乃是幸福的本源。"

融媒体改革发展，不是技术、平台或内容的简单叠加，而是需要人的深度参与和转变，说到底是人的融合。媒体融合过程中，新的力量源源不断地加入，大家带着各自领域的专业技能汇聚于此，各种价值观、思维理念不断碰撞，这要求我们，既要融"人才"、融"队伍"，也要融"人心"。其中，更要求不同领域的负责人，特别是那些改革的参与者、推动者、决策者以"无我"之状态，推动"人"的融合、"人心"的融合。

习近平总书记说过："我将无我，不负人民。"这彰显了共产党人的赤子之心和心怀天下的使命担当。融媒体改革大潮中，我们身处其中，是这个时代的见证者、参与者，应该以"功成不必在我"的精神境界和"功成必定有我"的历史担当，参与到媒体融合的改革中来。

在这样风起云涌的融媒改革进程中，想想自己个人职业道路改变过程中发生的那点"阵痛"，又算得了什么呢？世界那么大，身处其中的人要认真描画。借用我策划过的一场直播活动的口号："运河这边，风景正好。"

你所经历的每处风景都美好。

一、新领域新文艺·好内容创未来——首届北京网络视听艺术大会

2023年9月25日，由北京市广播电视局、北京市通州区委区政府主办的首届北京网络视听艺术大会在北京城市副中心拉开序幕。

大会围绕网络视听产业及艺术创作各方面内容，设计了"1+5+4+X"的活动板块，即1场开幕式暨高峰研讨，内容涉及文化传承、网络剧、短视频与直播、网络微短剧、网络综艺等时下网络文化视听领域热点发展方向的5场主题研讨，4场名师创享和网络视听文艺系列活动。此外，还包括古今文化智慧碰撞的人文雅集和艺术氛围浓厚、新创意创想自由流淌的创作者之夜以及彰显知名网络平台IP影响力、展示体验科技新技术的网络视听艺术IP市集等活动。这样一场大视听与艺术完美融合的跨界盛会，行业大咖齐聚活动现场，无疑将备受瞩目。

而对于城市副中心来说，这场活动同样意义非凡。作为首次在大运河畔举行、与燃灯塔历史文化魅力交相呼应的网络视听文化盛宴，活动将与大运河文化旅游景区和通州的历史文化底蕴深度融合，室内研讨与户外活动相辅相成、相得益彰。在大运河畔、燃灯塔下举办的网络视听文艺系列活动，也必将让网络视听的创新光彩与文化遗产的厚重底蕴遥相呼应、共融焕新。

1. 迎接职业新挑战，推介副中心不能停

通州区融媒体中心是此次大会的属地承办方。我们部门作为此次活动的总牵头部门，需要协同调动中心各部门参与大会筹备工作，与主办方各

部门各环节进行对接，对场地进行实地踏勘，出台大会活动保障方案，策划负责网络视听艺术 IP 市集"副中心展区"的展陈工作，等等。

9月，正是部门工作排得很满的时候，部门里每位主持人手里都有一场其他活动的直播任务。虽然之前我们以部门为单位牵头策划过很多大型直播活动，但是作为包括主会场、分会场、线下市集活动等横跨多个不同区域的大型活动的承办方的具体对接人、实施者，还是第一次。尤其是对于活动的服务保障环节，我和部门主持人们并不熟悉，甚至有很多工作也是第一次接触。屋漏偏逢连夜雨，原计划安排和我一起策划统筹网络视听大会的主持人也因为家里临时有重要的事情需要请假，而暂时不能跟进这项工作。人手就这么多，大会召开在即，工作还是要推进，咬咬牙，我决定自己先把牵头策划的工作担起来，后续等部门其他主持人手头的事情忙完了再一起跟进。

在大会筹备阶段，我跟随中心及市局各位领导对活动的举办场地进行了实地踏勘。大会主会场、人文雅集、创作者之夜因为所承担的职责内容、具备的风格属性不同，举办地必然也要有所区分，各具特色。于是，先开研讨会，通过 PPT、照片、资料等进行第一轮场地筛选，然后大家再一起组团奔走于北京国际财富中心、北投希尔顿酒店、大运河文化旅游景区北区的三庙一塔景点、运河游船等地，实地探勘场地大小，衡量场地是否与活动风格相协调。内容也细节到场地内的大屏幕能不能充分使用、场下的观众席能否容纳所有嘉宾、不同场地间的嘉宾转场如何实现、摆渡车和步行的便利程度以及时间差别……每一项工作都超出我以前的工作范围，都要一边学习一边推进，但那时候的我不知道，这些都只是此次活动过程中的小难题，暴风雨的洗礼还在后面。

这期间，我曾经跟随中心主管领导一起到北京市广播电视局和此次网络视听大会涉及部门、行业、平台的负责人一起开过一个调度会。参会人员和嘉宾除了有北京市广播电视局的各位领导，还有来自行业内及高校的专家学者，爱奇艺、优酷、快手等平台的负责人，以及参与活动宣发的媒体记者，等等。

作为此次活动的首场调度会，大家是第一次聚到一起，很多网络平台的负责人甚至是第一次来到城市副中心。大家集思广益、畅所欲言，会议一直从下午两点开到晚上六点半才逐渐接近尾声。除了对此次大会的期待、建议，也有平台的负责人在讨论自己平台负责的活动内容是否一定要更换原来计划的场地、搬来副中心举办的时候，显得有些犹豫。近些年，城市副中心发展提速，城市建设蹄疾步稳，城市面貌焕然一新。但这些对于初次来到城市副中心的人们来说，还需要切身去看、去感悟。宣传推介就显得尤为重要。

会议即将结束的时候，我作为其中的绝对"小字辈"有了一个发言的机会。考虑到各位参会领导和嘉宾已经连续开了近五个小时的会，晚上近七点，还在饿着肚子继续研讨，主管领导示意我，精简发言。我也有意识地加快了语速："相信在座的各位领导都听过清代诗人王维珍的两句诗'无羔蒲帆新雨后，一枝塔影认通州'。古时的通州是漕运重镇，南来北往的船工舟客，沿运河行驶到此，抬头看到燃灯塔就知道，家就在不远处了。大运河文化旅游景区北区的三庙一塔景点将儒释道三家文化和谐统一起来，历史厚重感与文化美感兼具。这次活动中具有古今文化碰撞的部分其实真的非常适合在这里举行。还有大运河夜航开通后，晚上的运河流光溢彩，如果我们的一些活动能在运河游船上进行，让文化艺术思想在船上碰撞，而思想的光辉又将随源远流长的运河水流向运河两岸的普通人家，我认为这将是一种非常好的意境呈现和文化情感表达。"

看到媒体同行们好像是听进去了，我接着快速说："我知道咱们有很多嘉宾第一次来城市副中心，还不太了解这里的景观和环境，没关系，需要的话，我们可以带大家转转。顺便再提一句，刚才提到的三庙一塔景点，就在我们通州区融媒体中心对面不远处。随着北京城市副中心的建设发展，更多人才引进政策的支持，近些年有很多知名高校的应届硕士研究生、专业型人才加入了通州融媒。目前，通州融媒播音员主持人队伍中90%毕业于中国传媒大学，其中80%拥有硕士研究生学历。各位领导如果有时间，也欢迎来通州区融媒体中心坐一坐，正好我们带大家一起把大运河文化旅游景区北区参观了。"

还是没忍住，一口气说了不少。主管领导笑笑，无奈地看看我。作为城市副中心官方媒体的一员，我想我们都一样，希望借助网络视听艺术大会的平台，向来访嘉宾展现一个景色怡人、文化底蕴深厚又充满新时代勃勃生机的副中心。城市副中心的美好，需要被更多人看见。

那次会议我们也见到了不少行业大咖，其间了解到爱奇艺的总编辑、副总裁王兆楠也毕业于中国传媒大学，而开会坐在我身边的是母校中国传媒大学的周逵老师。在我火急火燎又夹杂些许紧张的发言过后，一边的周逵老师小声鼓励我："挺好挺好。"自知与现场各位专家老师在理论水平和知识储备上都相距甚远，但此刻还是有种毕业多年回到学校被老师肯定的感觉，瞬间觉得，紧张的会议变得亲切了许多。

2. 暴风雨说来就来

回到台里，马不停蹄开始着手大会的准备及服务保障工作。领导说："靖楠，你牵头出个大会的保障工作方案。"直播方案、活动策划方案甚至是舞台舞美搭建方案，我都可以出，但是保障方案是什么呢？看我一脸茫然，领导说："你和区委宣传部办公室的同志们联系一下，他们有经验，你去请教一下。"

于是，我赶紧联系区委宣传部办公室平时比较熟悉的同事，要来了大型活动服务保障工作方案的详细模板，才知道后面还有很多细碎的工作要做。比如，在运河游船上举办网络视听大会的配套活动"创作者之夜"的过程中，航线中途经过各桥桥体及沿岸两侧灯光的点亮工作需要区城管委保障；大会配套活动"雅聚通州·人文雅集"所在的通州文庙场地周边安全保障、环境卫生工作需要区园林绿化局保障；大会期间，组委会在通州北投希尔顿酒店和北京国际财富中心之间安排车辆摆渡服务，为了保证道路畅通，需要请交管部门提供相关保障……我粗略统计了一下，根据大会主办方的要求，为全面做好大会服务保障工作，这场活动涉及通州区需提供保障的单位及部门达到12家。

我下一步马上要做的就是拟定此次大会通州区的保障工作方案、明确各单位职责分工，并拟好请各单位协助做好北京网络视听艺术大会相关保障工作的函，再由中心请示区委宣传部组织召开协调会。

那些天的工作真是忙碌。每天除了对着电脑写方案、邀请函，还要分别联系通州区城市管理委员会、通州区园林绿化局、通州交通支队、新华街道办事处、通州区卫生健康委、通州区运河商务区管理委员会、北京大运河文化旅游发展公司等涉及活动保障的相关单位。由于不同的部门分别负责活动的一个版块，我又需要和不同部门的联系人进行对接，每天接听的电话有一百多个。

那些天，除了网络视听大会，部门里涉及牵头策划或是参与主持的还有以运河文化时尚大赏、930公祭日、中秋、国庆等为主题的一系列直播活动，有些活动最短只间隔两天时间，每位主持人都有工作任务。我常常是开完了网络视听大会的调度会，又去开其他直播活动的调度会，脑子已经忙得快要停转了。同时，由于长期伏案工作，颈椎病和背部的筋膜炎也一起跳出来捣乱，每次都疼得我一头汗。疼过那一阵，又接着干活。当然也有过闪念，把手头工作分给部门其他主持人或是和中心领导提困难，充实人员进来。但转念一想，前期工作都是我在跟进，换了谁都不够了解情况。大会召开在即，时间分秒必争，而交接工作也需要时间。于是我决定再坚持一下。然而，更大的挑战又来了。

一天晚上快到下班时间，我还在和各种方案死磕，两位主持人走进我的办公室和我说最近两天的工作进展。说着说着，其中一位说："我觉得现在我们主持人都不像主持人了，这些活动保障方案是主持人应该弄的吗？"另一位主持人一听也激动地说："就是啊，我这里还有另一场直播的策划，你光忙手头这些，都顾不上管我。"于是，这俩人你一句我一句，越说越激动，声音的分贝也越来越高。

此刻，我手头的工作已经让我焦头烂额，连日沟通对接，早已口干舌燥，不想多说一句话。我耐着性子但也控制不住提高音量说："你们说这些，想让我帮你们解决什么？不要那么多负面情绪，说诉求。"然后，其中一位主持人说："没有诉求，单纯就是想抱怨两句。"那一刻，我真是哭笑不得，心想，多单纯的孩子。想到还有几场直播要同步进行，没有时间和他们论高低，先把工作推进下去是正事儿，于是摆事实、讲道理、疏导情绪、"软硬兼施"逐个解决问题，让他们赶紧各忙各的去。处理完突发事件后已经晚上九点多了，我继续马不停蹄地忙我手头的工作。

关于这个插曲，我事后有几点感悟。

一个是，从作为管理者的那天开始，我好像就要学着摒弃自己的情绪了。生气也好，委屈也罢，通通需要为工作让路。最近两年，我好像真的很少因为工作的事情生闷气，反而觉得，每天工作再忙，看到事情有发展，就会觉得很开心。而我身边也确实大多是很友好善意的人，每当我需要帮助和支持的时候，他们都会伸出援手。所以，知足常乐吧。

另一个感悟是，融媒改革当中，要实现最关键的"人"的融合，以及更深一步的"人心"的融合，任重而道远。而主持人全媒型人才的塑造，也还有很长的路要走。播音员、主持人只要能播音、会主持就行了吗？这话往前捯十几年可能还能说得通。但现在面对风起云涌的新媒体发展趋势，网络传播队伍壮大、AI主播登场、AIGC应用逐渐火爆，播音员主持人坚守播音主持、播音发声业务没错，但不能只坚守这些，否则只能被冠以"肉喇叭"的称谓,被新媒体时代淘汰。

网络新闻传播打破了原来地域与行业的限制,直接面向全球,新闻工作者的思维方式要调整,知识结构要调整,视野要调整,新闻的价值标准也要调整。① 随着网络媒体的快速发展,竞争将空前激烈。这种竞争既包括信息量与信息可靠度的竞争,也包括人员素质的竞争。谁的行业敏感性强,谁的速度快,谁就能在竞争中站稳脚跟。新闻工作者只有不断学习电脑、网络知识,增强网络观念,不断提高自身的整体素质,善于利用各种软硬件设备,才能开创一片新天地。②

早在十几年前研究生毕业时,我曾经在《用声音传播:人民广播播音70年回顾与展望》一书中读到过一篇题为《播音主持传播定位的历史变迁与时代特征》的文章。文章说道:"在人民广播70年的发展历程中,播音主持工作从未间断地面临着继承与创新的发展主题。其中,历史变迁对播音主持工作的客观影响,一方面体现为对传播规律的认识不断深化,另一方面体现为对时代特征的把握的适时跟进。这两方面的因素决定了播音主持领域内若干传播定位问题,要么处于不断调整但渐趋科学的校准工作中,要么处于一脉相承但时刻凸显时代特征的发展进程中。简单说,播音主持艺术的发展主线是延续和一贯的,其在不同历史时期则是变化的并体现出不同时代特征的。"③

新媒体时代,在媒体融合的发展过程中,主持人从专业岗位走向职业融合,从技能精专走向能力复合,学会更多生存技能,有思想、有综合性的知识储备、有纵观全局的发展格局,借助新技术,探索更多成长发展路径是大势所趋。全媒型人才的塑造不是你想不想的问题,而是你必须面

---

① 杨嫚.新媒体内容生产与编辑[M].重庆:西南师范大学出版社,2016:8.
② 杨嫚.新媒体内容生产与编辑[M].重庆:西南师范大学出版社,2016:8-9.
③ 李洪岩.播音主持传播定位的历史变迁与时代特征[M]//鲁景超.用声音传播:人民广播播音70年回顾与展望.北京:中国传媒大学出版社,2011:111.

对、努力适应并做好的问题。

当然大家别担心，当时吵得最凶、声音最大的那位主持人，现在依然是我们部门的业务骨干，吃苦耐劳，扛了很多硬活。所以，工作中有分歧也别怕红脸出汗，关键问题是，你是只想宣泄情绪，还是宣泄完情绪后，依然愿意把工作干好。战友们，以后的路还很长，咱们山高水长，江湖天天见。

3. 所有辛苦都值得

首届北京网络视听艺术大会开幕式暨高峰研讨活动终于顺利举行，随后是主题研讨、人文雅集、创作者之夜、网络视听艺术IP市集"副中心展区"展陈工作的有序推进。

在开幕式上，通州区融媒体中心安排了两位主持人对现场嘉宾进行采访，我跟随大家一起，在现场进行工作协调。无意间，我们看到了爱奇艺的CEO首席执行官龚宇和总编辑、副总裁王兆楠。两位主持人表现出了强烈的采访意愿。

我猛然想起，前一阵在开关于这次网络视听艺术大会的调度会时，曾和爱奇艺的总编辑、副总裁王兆楠有过一面之缘，当时听到他说是中国传媒大学毕业的校友。于是，一直自称"I人"的我硬着头皮走上前去和他打招呼："您还记得我吗？上次一起开会来着……"然后在得到肯定答复后，迅速提出要求："那您能接受我们通州融媒记者的采访吗？"兆楠总很客气地说："我就不说了，我给你安排另一位嘉宾接受采访。"在我忐忑地以为此次采访邀约可能会泡汤的时候，兆楠总带着爱奇艺的创始人、首席执行官龚宇先生走了过来，接受了我们的采访。这怎么能不算是个意外的惊喜呢？

龚宇先生在接受采访时说："北京城市副中心有这么好的环境，我特别相信，这里能够促进网络视听行业的发展。我想，大运河旁的通州拥有的这些现代化的建筑也是特别好的一个取景地，也希望我们的作品很快就能体现出城市副中心的特点。"

转换赛道——世界那么大，每处风景都要认真描画

图1 在首届北京网络视听艺术大会开幕式暨高峰研讨活动的现场，通州融媒的两位主持人王超、刘小辉采访到了爱奇艺创始人、首席执行官龚宇先生

同样，在"创作者之夜"活动环节，当游船在秋日夜晚的大运河上徐徐航行，船下波光粼粼，两岸霓虹闪烁，看到网络视听行业的艺术工作者们愉快放松地交流创作心得、共享城市副中心绝美夜景的时候，那一刻，我觉得之前所有的辛苦都值了。

在这个环节，也有意外惊喜。当天晚上活动正式开始前，我坐在游船的门口，等待随时协调工作。进来一位嘉宾坐在我旁边，很礼貌地轻声问我："我可以坐在这里吗？"我扭头一看，这位男士身材高挑、皮肤干净、鼻梁高挺，整体五官都十分立体，好像在哪里见过。我说："可以是可以，但是这里是工作人员的位置，嘉宾最好往里坐一坐。"男士很礼貌地点头致谢，然后找了个机会，去游船靠里的位置坐下来。这个时候，正在船上采访的主持人朱广帅一个箭步飞奔到我身边，一边快速坐下，一边用手晃着我的胳膊，尽量控制着音量又难掩兴奋地说："你知道刚才是谁在和你说话吗？你知道吗？那可是我和我妈的偶像——《甄嬛传》里果郡王的扮演者李东学啊！"

当晚，勇于拓展新赛道、已经成为年度优秀网络电影制片人、编剧的李东学老师接受了通州融媒主持人朱广帅和刘小辉的采访。

图2 在"创作者之夜"的游船上，主持人朱广帅终于如愿以偿地采访到了自己多年的偶像李东学老师

接下来，就是通州融媒各平台的持续发力。

在 IP 市集展陈环节，通州融媒同爱奇艺、优酷、抖音、快手、哔哩哔哩等平台一起进行 IP 展陈，现场设置"近悦远来——古今同辉副中心"展区，其中，最新上线的通州区融媒体中心 AI 主播融小超在市集现场首次亮相；"北京通州发布""通通来运动""文旅通州"等微信公众号，"云锐传媒""飞卢网"等城市副中心网络视听企业代表现场进行宣传推介；"VR 带你看城市副中心"、北京大运河文化旅游发展有限公司的"运河有礼"等，向广大观众展现了具有运河味、文化味的城市副中心新貌，在讲

好大运河故事的同时，也擦亮了大运河文化的金名片。

同时，在大会期间，通州区融媒体中心组织各部门记者参与大会的报道工作，提前一周就开始进行预热，每天发布相关信息，保证宣传热度。

以新媒体部、融媒采访部、视频编辑部、音频编辑部、播音主持管理部等为创作主体，中心各部门协同参与，共同创作了系列短视频《首届北京网络视听艺术大会在京开幕》《"人文雅集　雅聚通州"燃灯塔下共话传统文化新表达》《北京网络视听艺术大会——创作者之夜大运河畔大咖云集　畅谈艺术创作　推动文化繁荣》等，在"北京通州发布"全媒体平台播放量达到10W+。

活动举办期间围绕"首届北京网络视听艺术大会"主题配合制作并宣发短视频共计17条，51条次，总播放量超过百万。对大会开幕式、主题论坛、人文雅集、IP市集、创作者之夜均进行了详细报道。其中，两条明星ID视频宣传在抖音平台获得80W+的播放量。

《北京城市副中心报》在1版和2版重要位置设置"北京网络视听艺术大会"专栏，累计推出《网络视听创新与历史文化厚重底蕴在副中心双向奔赴》《北京广播电视网络视听发展基金政策发布　重点项目资助金额最高1000万元》《抖音快手哔哩哔哩等头部IP齐聚　网络视听艺术IP市集大运河畔启动》等13篇报道；《副中心新闻》播出了《首届北京网络视听艺术大会在城市副中心举办》《大运河见证大视听　共绘网络视听文艺高质量发展新图景》等多篇新闻；通州区融媒体中心和北京广播电视台城市广播中心联合制作的品牌节目《副中心会客厅》在活动现场搭建直播场地，采访行业大咖，对大会进行重点专题报道。

此外，为配合大会线下活动"网络视听艺术打卡地"的拍摄工作，中心与优酷信息技术（北京）有限公司、北京快手科技有限公司进行对接，制定打卡路线图，并向北京中广信通文化传媒有限公司、优酷信息技术

近悦远来　心向往之——我在北京城市副中心当主播

（北京）有限公司提供大运河文化旅游景区、三庙一塔景点、二号码头、万达金街、远洋乐堤港等城市副中心代表性景点或商业体的素材。

图3　2023年9月25日晚，在大运河文化旅游景区北区三庙一塔景点举行的"人文雅集·雅聚通州"活动，让网络视听的创新光彩与文化遗产的厚重底蕴遥相呼应、共融焕新

在这个秋高气爽的美好季节，首届北京网络视听艺术大会在城市副中心成功举办，网络视听领域的专家学者、头部企业共聚一堂，齐聚古今同辉、生机勃发的北京城市副中心，充分挖掘北京尤其是北京城市副中心网络视听资源优势，推动了网络视听产业高质量发展。

近悦远来，心向往之。此次大会的举办，也让各地来宾认识了一个全新发展的北京城市副中心，走在大运河畔、漫步燃灯塔下，感受运河岸边的烟火气，畅游生机勃发的乐活城；吸引八方来宾，更高层次、更广范围、更深程度参与副中心建设，也让网络视听的创新光彩与文化遗产的厚重底蕴在副中心交相辉映、共融焕新。

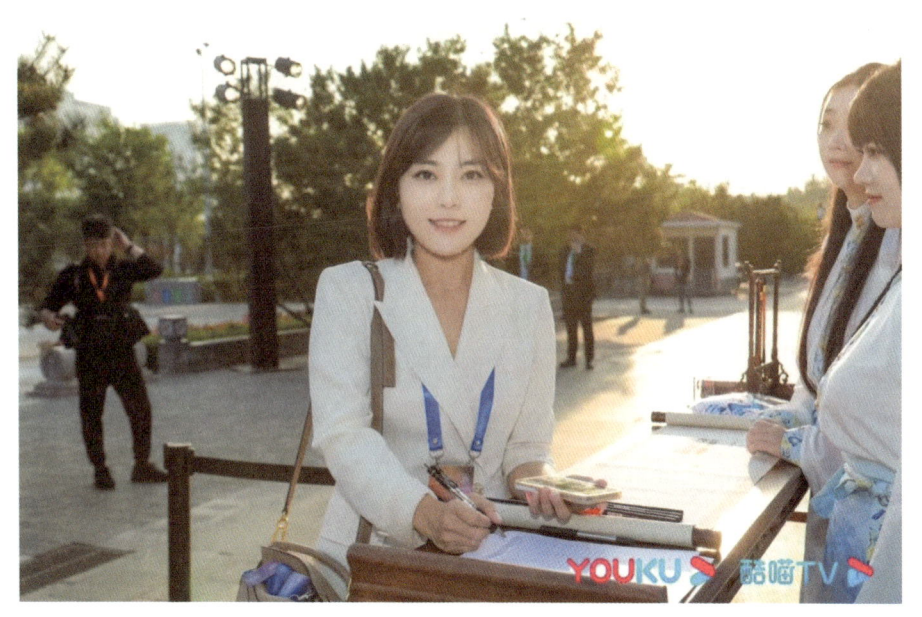

转换赛道——世界那么大，每处风景都要认真描画 |

图4 网络视听艺术大会活动现场，我因忙于各方沟通对接和协调工作，无暇拍照。在人文雅集签到处，碰到优酷官方平台的摄影师给我拍了张照片，也为我这次难忘的工作历程留下了一份珍贵的记录

活动结束后，我发了一条朋友圈，其中有一部分写道：

> 活动现场大咖很多，采访技巧是冲破社交恐惧、举着话筒，礼貌又不失"打扰"地直接上。经过一上午研讨的爱奇艺CEO龚总哑着嗓子依然接受了我们的采访；著名演员、编剧、制片人李东学老师也是有求必应。还有你们，默默在背后帮我抹平很多纰漏，提点很多，帮助很多，并肩作战很多。感谢。
>
> 活动现场，我看到有嘉宾背的包上印着"铁肩担道义"。我不由嘟囔着接一句"妙手著文章"。我庆幸，这么多年，我变了又没变。那些年，大学毕业时，校长的嘱托好像还记得。
>
> 运河很美，雅集很美，夜空中的风筝很美。是的，这些美，我都太

177

想和你分享了。但，没有时间拍。从朋友圈拼凑来的照片，按照惯例，写个长长的记录，以后老了看。心说：我那会儿真是个意气风发的好孩子。

二、年轻的白杨，在城市副中心茁壮成长

在整理这本书稿的时候，主管领导亚辉主任和我说，2006年，通州广播电视事业创办50周年的时候出过一本书，回顾了在几代新闻工作者的努力下，通州广播电视事业的发展历程。你去办公室找管理档案的同事借来看看。

翻开书的正文第一页，是几行小字：

> 每一份文稿，每一张照片，都饱含着几代通州广电人不懈的追求与不倦的奋斗。翻开一张张老照片，相纸已经发黄褪色，当时的笑容却依旧灿烂。有的照片，也许你都认不出谁是谁，但能认出来的一定是那个年代，那火热的情怀，那如歌的岁月。

再往后面翻，是很多张老照片。合影里的人，有的认识，有的不认识。有的退休了，有的离职了，有的换了新工作，有的还在坚守。现在身边满头华发的老大哥明明那时候是标准的"小鲜肉"，如今身材有些发福的科长大姐那时候苗条又明艳。

如今，通州广播电视事业创办已有68年。当年的通州广电人，而今的通州融媒人。岁月流转间，大家的样貌变了，但不变的是手中举着的话筒、拿着的纸笔，导播台前专注的神情，肩上稳稳扛着的摄像机，坚守的执着，心中的热情。岁月带走很多东西，但也留下很多记忆。在一代又一代通州新闻工作者的努力下，随着北京城市副中心高质量发展步伐加快，如今通州融媒的事业发展呈现出翻天覆地的新变化。前浪不息，后浪奔

涌，越来越多的干事者、创业者、奋斗者成为通州融媒事业改革发展的中坚力量。忆往昔，观今朝，忍不住热泪盈眶。

13年前，我从中国传媒大学播音主持艺术学院应届硕士毕业来到通州的时候，通州融媒（以前的通州区广播电视中心）的主持人团队里还没有全日制硕士研究生。十几年过去了，跟随着北京城市副中心的建设步伐，在人才引进政策的支持下，通州融媒播音员主持人队伍中拥有硕士研究生学历的主持人有十余人，其中90%毕业于中国传媒大学。

中国传媒大学的校歌《年轻的白杨》，很多人都不陌生。

"校园里大路两旁，有一排年轻的白杨，早晨你披着彩霞，傍晚你吻着夕阳，啊，年轻的白杨，汲取着大地的营养。"

随着城市副中心发展宏图逐渐铺陈，借助良好的人才引进政策，一批批年轻的白杨在城市副中心茁壮成长。近些年，通州融媒从中国传媒大学播音主持艺术学院、媒体融合与传播国家重点实验室、戏剧影视学院等引进了一批优秀的应届硕士毕业生，让更多优秀青年毕业之初就在城市副中心这片沃土上扎根成长，为副中心高质量发展发出最美时代之声。

在通州融媒，享受到城市副中心发展成果和利好政策的不只是播音员主持人队伍。据统计，2023年至今，通州融媒下属公司引进了包括北京大学、中国传媒大学、中央民族大学、北京交通大学、北京印刷学院等高校的7名应届硕士研究生，且均为这些青年毕业生解决了户口问题。

海纳百川彰显城市气质，兼容并蓄会聚多方人才。越来越多的高学历优质人才留在城市副中心，加入通州融媒，为城市副中心打造全媒体人才队伍传播矩阵添砖加瓦。

1. 中国传媒大学的学生来城市副中心打卡啦

2023年10月，为进一步推进城市副中心高质量发展，讲好副中心故事，通州区融媒体中心本着构建高素质全媒型专业人才队伍、加速推进媒体融合发展的原则，计划与中国传媒大学播音主持艺术学院建立长期沟通交流渠道，并邀请中国传媒大学播音主持艺术学院喻梅院长和各位老师到通州区融媒体中心进行调研。

2024年10月23日，中国传媒大学播音主持艺术学院喻梅院长和各位随行老师一起莅临通州区融媒体中心，参观了中心的演播室、中央厨房、采编区、学习强国城市副中心学习平台等。

当充满青春活力、工作状态饱满积极的主持人们站在喻梅院长面前做自我介绍时，院长有些惊讶地说："这都是咱们学校毕业的啊？"而主持人们则纷纷表示，毕业以后，第一次这么正式地面对院长和各位老师，感觉好紧张，仿佛回到了在学校里上播音小课的时光。

当天，中心领导还带着喻梅院长和各位老师一起参观了城市副中心的标志性景点。从大运河文化旅游景区北区充满历史厚重感、景致静美的三庙一塔景点到运河岸边现代化楼宇鳞次栉比的运河商务区、充满设计感的千河泻露桥，城市副中心的美景让各位老师发出阵阵赞叹。中国传媒大学播音主持艺术学院的成倍老师兴奋地和我说："我觉得我们的学生们的课堂实践可以来咱们副中心进行出镜、拍摄。你们按照台里的节目要求设置拍摄题目，我回去作为作业给学生们安排下去，这才是真正的课堂教学和一线实践的完美结合。"

回到台里，按照中心领导的指示要求，我们马上开始着手与中国传媒大学的合作计划。策划推出了"爱上城市副中心的100个理由"短视频征集活动。希望通过短视频拍摄，让同学们从历史、文化、旅游等不同的视角展示最新、最美、最好的城市副中心。同学们拍摄的作品经过审核、评选后，优秀作品将通过北京通州发布视频号、抖音号、快手号等平台进行展示，我们也将与市级媒体联动，为同学们提供视听媒体融合创新创意大赛等参与赛道。

从2023年11月开始，中国传媒大学播音主持艺术学院的学生们就投身到城市副中心的宣传推介工作当中。他们创作了《爱上副中心——传媒大学的学生也来城市副中心打卡啦》《爱上副中心，传媒大学播音学院学生镜头下的城市副中心生活图鉴》等系列短视频作品。内容涉及"带着相机来北京（通州）大运河文化旅游景区三庙一塔及周边古建筑群，感受通州的古趣与生机""沉浸式体验城市副中心社区的高质量发展""在大运河和环球影城共同打造的国际消费体验区，如何来一场免费的周末旅行呢""乘坐T116路运河文化主题公交车，感受大运河的脉搏"等。同时，他们还参与了中心重点项目"副中心生活图鉴"的短视频拍摄工作，作品内容涉及"体验大运河冰雪狂欢季""去宋庄艺术区逛逛，感受艺术氛围，享受放松时光""寻找胡同里的叫卖声"等。

这些短视频作品涉及人文、艺术、重大工程、城市副中心高质量发展等多个方面的重点选题。短视频一经播发便引起了社会各界的关注和广泛好评，他们用独特的视角、创新的形式将自己的所见、所闻、所感展现出来，以全新的媒体人视角宣传副中心高品质"乐""活"亮点，以青春姿态展现活力通州。

2. 实践与研学共建　带来融媒主播及人才引进新气象

那些日子，为了能让同学们的短视频保质保量且及时发布，我和成倍老师经常远程沟通短视频的修改问题直到深夜。我把短视频的修改意见告诉成倍老师，成倍老师再结合教学内容的要求转达给同学们，同学们争分夺秒进行修改。我和成倍老师经常互道辛苦后又难掩激动，想到同学们的短视频作品能够很快和城市副中心的观众朋友们见面，城市副中心的官方媒体发布平台能够一下子出现这么多新鲜而充满朝气的面孔，我们就不由自主地加快了手里的工作进度。

同时，为了给北京城市副中心高质量发展贡献媒体力量，扩大副中心媒体宣传报道队伍，将城市副中心发展建设成果全方位、多角度向受众展现，通州区融媒体中心提出与中国传媒大学播音主持艺术学院共建"新时代媒体融合实践与研学基地"的想法，并拟定了《通州区融媒体中心与中国传媒大学播音主持艺术学院打造实践与研学共建基地方案》。拟邀请播音主持艺术学院的同学们参与中心的融媒直播活动，有计划、按频次地进行大型直播活动的合作，如"主播带你看城市副中心""党史学习教育——我为群众办实事直播推广"等。

2024年12月19日19时30分，在通州区融媒体中心的全媒体演播大厅里，通州融媒主播与中国传媒大学播音主持艺术学院的学生首次合体直播，进行了一场主题为"主播带你看城市副中心——博物馆奇妙夜"的大型直播活动。向大家介绍了位于台湖演艺小镇的北京文旺阁木作博物馆，位于宋庄艺术小镇的熊氏珐琅艺术馆、声音艺术博物馆，位于梨园主题公园的韩美林艺术馆等城市副中心的宝藏博物馆，以"主持人演播室出镜＋打卡探访视频"的方式，给大家带来了身临其境的"云逛展"体验。此次直播向广大网友展示了城市副中心丰富的博物馆资源及珍贵馆藏，也让受众感受到了城市副中心独特的艺术魅力。

2024年4月，在城市副中心举行的"忆满京城　情思运河——清明节文化活动"的现场，来自通州区融媒体中心的主持人以及来自中国传媒大学播音主持艺术学院的在校生们是此次活动诗词朗诵环节的主要表演者。

作为一场深挖传统文化内涵、展现北运河沿岸独特的清明节习俗、传播家国情怀的线下活动，"诗意清明　情思运河——通州区清明节主题诗会"以新媒体直播的形式，向北京城市副中心群众传播清明文化、凝聚社会情感。活动现场，通州融媒在职主持人的成熟气质与传媒大学学生的昂扬精神相互碰撞、相得益彰。虽然排练时间非常紧张，彼此沟通交流的时间很短，但大家仍然凭借过硬的业务素质，情绪饱满、高质量、高水平地完成了一个个朗诵作品，感染了现场的观众以及直播间的网友们。

图5 "诗意清明 情思运河——通州区清明节主题诗会"活动结束后通州融媒主持人及朗诵嘉宾的大合影。其中有不少学生朗诵者目前已从中国传媒大学毕业,去到祖国各地的媒体机构,有的则选择留在了通州融媒。相信这次合作朗诵的经历也会给同学们留下难忘的记忆

此外,通州区融媒体中心融媒工作室"超帅兄弟"组合还带领同学们一起参与了"2023北京城市副中心绿色发展论坛""传承运河文化、赋能美好生活——2023中国大运河文化带京杭对话暨北京(国际)运河文化节""'媒体+'力量 打造副中心高品质朋友圈《副中心会客厅》京津冀协同传播暨品牌推介会"等大型活动,在拍摄作品、锤炼业务本领的同时,沉浸式感受城市副中心绿色发展理念、大运河文化带建设成果。

一系列共建合作不仅为北京城市副中心的观众提供了一批优质的新闻媒体作品,推广了"通州融媒"品牌,还给中国传媒大学的学生们提供了一个锤炼业务的平台。学生们带着学校所学,结合城市副中心高质量发展实际,创作出了很多有料有梗、有趣、有内容、有高度的作品,带来了融媒主播的新气象。同时,从一定程度上宣传推介了通州区融媒体中心的传播平台,持续扩大"通州融媒"品牌影响力。学生们认识、走近副中心的

过程也是更多高素质专业人才爱上副中心、留在副中心的过程。通过学生视角将近悦远来、心向往之的城市副中心形象呈现出来，扩大了副中心的文化影响力，增强了城市吸引力。

自 2022 年以来，通州融媒加强校企合作，激发媒体活力。积极与北京大学团委合作，开展"力行计划"研究生暑期社会实践活动项目。作为北京大学的北京实践基地之一，通州融媒向学生提供了电视、报纸、新媒体等三个方向的实践岗位。截至 2024 年年底，共有 13 名硕士及以上学历的研究生参与了通州基地项目。通州融媒还与北京联合大学管理学院签署合作协议，双方互为人才培养基地以及实习和实践基地。未来，通州融媒将与更多专业高校沟通对接，形成学院派和实践派的业务互促、交流融通模式，把城市副中心官方媒体平台的金字招牌擦得更亮。

三、融媒主播的小红书探索之路

从 2024 年 6 月起，通州融媒的主持人团队开始正式探索对通州融媒小红书官方账号的运营。

对于播音员主持人来说，出镜、短视频拍摄是驾轻就熟的工作，但是，运营一个新媒体账号，尤其是在商业化程度较高的自媒体平台，如何着手，主要受众群是谁，重点传播什么内容，账号风格如何定位，怎样快速吸引网友注意并引起他们的兴趣，这些都是摆在我们面前的难题。

随着智能手机的发展所带来的移动互联网的兴起，各种信息资讯已经将用户的时间占用，手机不仅使大众的碎片时间被信息洪流长时间占用，而且，手机屏幕变小也导致可展示有效信息的空间越来越小，大众的注意力也变得越来越无法集中。有研究显示，100 年前，我们的平均注意力持续时间在 20 分钟，而现在我们的注意力持续时间已经下降到了 9 秒钟，和金鱼的注意力持续时间相当。现在的消费者就像骑着一匹急速奔跑的马来看世界，是名副其实的"走马观花"了。[①]

记得从新媒体部同事手中接过通州融媒小红书官方账号"通小融"[②]的时候，账号的相关负责人很实诚地告诉我："没有什么用户基础、没有发布过几条原创稿件，没有经验可以借鉴，一切都得靠你们自己探索。"这意味着，对于小红书账号的经营，我们几乎需要从零做起。我叫来平时做自媒体比较有经验的主持人刘小辉和冉帅一起商量下一步的工作。他俩也显得有些无所适从，都表示工作可以干，但是没理论、没经验，做起来心里实在没底。

我说："一片空地才意味着，我们可以最大限度地按照自己的意愿来种粮食，种出的果实也才是我们想要的。在政策允许的前提下，大胆创新吧。"

生死看淡，说干就干。

组织部门主持人利用例会时间，首先开了一个集思广益的研讨会。前期被我安排主要负责小红书运营的主持人刘小辉提出：发一条小红书的文案并不难，难的是如何让我们的文案有持续的受众吸引力。如果随便发，当朋友圈发，只能是自娱自乐；如果把通州融媒在其他平台上发过的文稿或视频直接分发到小红书上，虽然做起来简单高效，但几乎沦为其他平台的传声筒，毫无创意可言。最后，经过大家的集体研讨，决定还是用心做，从内容的策划、选择到形式的打磨，都要精益求精。

新媒体文案需要在碎片化时间中，通过标题、广告主题快速吸引消费者的注意力，而其在内容上则需有代入感，能够持续吸引人进一步读下去。与此同时，新媒体文案还需要让消费者有信任感，这样消费者才会对

[①] 叶小鱼，勾俊伟.新媒体文案创作与传播[M].北京：人民邮电出版社，2017：40.

[②] 至此书出版发行时，通州融媒小红书官方账号"通小融"已更名为"Hi北京通州"，欢迎大家关注支持。

产品或服务有购买意向，或提升消费者对品牌的好感度。[1]

根据小辉的前期调研，我们就四点意见达成一致：注重实用，通俗易懂，摒弃硬广思维；追求精准流量和用户，做小而美的垂类账号；输出有用的看法和见解，积极和用户产生共鸣；主持人利用自身职业优势和身份属性，多出镜、多拍照分享，让内容更可信且真实有温度。

经过调研，我们了解到小红书是众多自媒体平台中对新手很友好的内容社区电商平台，用户优质，氛围友好，粉丝黏性高。2022年2月的小红书报告显示，小红书月活跃用户超两亿的受众人群中，"90后"年轻群体占72%，一二线城市用户占50%，女性用户占70%。小红书的用户以"90后"新时代人群、新锐白领、都市潮人、单身贵族、精致妈妈和享乐一族为主。他们喜欢兴趣社交、兴趣消费；追逐潮流；经济独立，热爱工作；追求时尚和自身形象的完美，精神独立，有观点和态度；追求生活品质和护肤保养，注重享受和体验。总结起来，就是爱尝鲜、爱生活、爱分享、高消费力。[2]

于是，我们确定了小红书官方账号"通小融"的定位为：结合主持人团队自身的专长和特点，以"出行"赛道为主攻方向，以"探店博主""本地导游+讲解员"为身份标签，为用户提供城市副中心吃、喝、玩、乐、购等生活服务、旅游攻略和探店宝典。借助平台优势，第一时间发布发生在城市副中心的新鲜资讯，通过持续"种草"，带领用户身临其境"拔草"，不断扩大账号影响力。

首批拍摄呈现的几期图文作品《在宋庄拍到了人生照片 这样拍好有氛围感》《藏不住了！北京夏天一定要去的大运河芦苇荡》《通州遛娃圣地 家中"神兽"端午假期好去处》《我说一万次不如你去看一次的北京

---

[1] 叶小鱼，勾俊伟. 新媒体文案创作与传播[M]. 北京：人民邮电出版社，2017：41.

[2] 厦九九. 5小时吃透小红书[M]. 北京：人民邮电出版社，2022：6-7.

城市图书馆》就很好地契合了小红书的调性风格：清新文艺，以"好看"拉来了第一拨粉丝。

在《在宋庄拍到了人生照片　这样拍好有氛围感》的图文稿件中，主持人去到位于城市副中心宋庄艺术小镇的一处很有格调的咖啡店沉浸式探店。高挑的格子窗、古董家具，阳光柔和地透过窗子洒进来，穿着碎花长裙、端着咖啡杯轻轻啜饮的女士在享受一个人的惬意时光；《藏不住了！北京夏天一定要去的大运河芦苇荡》的图文作品里满是绿色。让人心旷神怡的芦苇丛是人们紧张工作学习之余，放松休闲的好去处。位于大运河文化旅游景区南区的风行芦荡是北京典型的草丛沼泽群落。微风吹来，成片的芦苇像浪花一样起伏，清新又治愈。还有田园风的茅草屋和木栈道，陷在芦苇里，随手一拍都是"宫崎骏的夏天"；《通州遛娃圣地　家中"神兽"端午假期好去处》解锁了从减河公园到林业碳汇科普区域再到月亮河休闲小镇的副中心遛娃路线，让观众跟随主播在森林里漫步，在童话世界里喂鸽子。主持人朱广帅更是带着自家"亲娃"一起倾情出镜，阳光帅气的奶爸主播和天真可爱的萌娃一起出道，每一帧画面都有趣又有爱；《我说一万次不如你去看一次的北京城市图书馆》展现了北京文化的新地标。跟随主播一起踏入"森林书院"，就会被144棵"银杏树"支撑起的知识空间宏大的气势和独特的设计惊艳，身临其境感受超挑高的银杏叶屋顶和流动变化的天河带来的震撼之美。

除了通过好看的照片"硬控"用户，"通小融"每期的小红书都会有贴心的打卡攻略。从拍照指南到游览着装，从出行时间建议到公交地铁换乘说明，只要是我们能想到的服务类信息和提示细节，我们都会很详细地为大家进行介绍。逐渐地，"通小融"的粉丝数量开始从"静默状"变为"呈缓慢上升趋势"。

对自己的粉丝现状有了清晰的认识后，除了在创意策划和文稿内容上进行打磨，我们利用一切通州区融媒体中心举行大型活动的机会，去现场进行地推。烈日之下，拿着我们小红书的二维码，不遗余力地向来往游客推介我们的小红书账号。

人群中，全副武装，把自己包裹得最严实的一定是我们的主持人们。也不怪大家娇气，地推时间一般都会持续一整天，从清晨进场开始准备，一直到暮色降临。一天的时间，头顶只有一个简单的遮阳棚。来回走动着向往来行人推介时，遮阳棚就形同虚设了。有的主持人皮肤比较敏感，直接被晒到脖子和脸爆皮的程度。还有的主持人上午进行完地推，下午还要赶回台里播新闻。有时也会听到他们和我抱怨："晒成这个样子，回去还要化浓妆、播新闻。"但抱怨归抱怨，工作却从没掉过一次链子。默默地干完手头的工作，再马不停蹄地赶回台里继续后面的工作。那为数不多的光鲜背后，是实打实地摔打。

我有时候在想，如果有一天，我们大家不在一起工作了，回头看看，他们会不会因为在工作中遇到这么一位不仅对自己"狠"，还絮絮叨叨地督促他们也对自己严格要求的部门负责人，而感到"咬牙切齿"。融媒体改革发展、新媒体语境下的主持人角色定位、"官媒网红"的打造，是需要一些人以无我的状态、以身躯筑基石的。大势之下，唯有努力向上。也许有天我们终于能通过不懈的努力，在攀登一个又一个职业的山峰之后，一起看到不一样的风景。希望到那时，我们能拍着彼此的肩膀说："嗨，感谢你陪我走一程，这一路风景挺美的。"

后来，我们的"小红书"又实时跟进了很多城市副中心的最新新闻资讯、网络热点等，发布了《黄健翔来通州解说欧洲杯啦 呼叫球搭子》《三星堆在京开幕啦！超省心攻略 强推！》《Get玫瑰的故事同款取景地 宋庄树美术馆》等作品。

目前，我们的"通小融"还在探索中努力成长着。期待它快些长大和成熟起来。

转换赛道——世界那么大，每处风景都要认真描画

图6 左上：主持人刘小辉在宋庄的 Café by Alba 咖啡厅；右上：主持人王超在大运河文化旅游景区南区的风行芦荡景点；左下：主持人李佳桐在有"森林书院"之称的北京城市图书馆；右下：主持人朱广帅带着宝宝打卡副中心遛娃好去处——减河公园。图片来源：通州融媒小红书官方账号"通小融"

近悦远来副中心，欢迎大家来光临！

2023年的冬天，黑龙江哈尔滨冰雪旅游火爆出圈。一夜之间，人们发现，为了照顾"南方小土豆"的饮食习惯，东北的冻梨被切成好几瓣摆盘了；为了方便游客拍到带月亮的雪景，人造月亮被升到哈尔滨圣索菲亚大教堂的上空了；鄂伦春族人也被请到中央大街上，牵着驯鹿进行表演……"讨好型市格"确立，本地网友直呼："尔滨，你让我感到陌生。"而让黑龙江本地人更为惊喜的是，接住这泼天的流量后，哈尔滨文旅产业的火爆。

有数据显示，2023年11月到2024年2月，黑龙江省接待游客和旅游收入同比增长222.2%和553%。哈尔滨火了。从2023年年末到2024年年初，在这个"热辣滚烫"的冬天，我们迎来了新时代东北全面振兴的春天。

"哈尔滨绽放的雪花，是旅游业的繁花"。哈尔滨文旅的爆火，引发全国各地此起彼伏的文旅喊话和旅游热潮。各地文旅部门争分夺秒吸流量、抢人气，上线喊麦、请本地明星站台、策划"新晋网红"猫 meme 花式出镜、频繁发布短视频等，狠狠地刷了一波存在感。而"尔滨"的风，也吹到了大运河北首、长安街东端的北京城市副中心。

2024年上半年，北京城市副中心大运河文化旅游景区、三大特色小镇、环球影城主题公园、三大文化设施等文旅地标特色活动异彩纷呈，文旅产业热火朝天，呈现各花各美、美美与共新格局。数据显示，2024年，通州区文旅板块共引入企业224家，注册资本约9.3亿元，文化艺术产业1月至5月营收2.3亿元，同比增长9.8%。同时，城市副中心范围内举办的丰富多彩的文旅活动和推介会，在介绍城市副中心规划定位和"近悦远来、心向往之"美好愿景的同时，大力推介城市副中心的文旅优势，吸引了更多企业前来落户。

一、古韵悠长副中心

栽下梧桐树，引得凤凰来。2024年上半年副中心文旅产业热火朝天，大运河文化旅游景区活力四射。在2024年4月的大运河"开漕节"上，北京（通州）大运河文化旅游景区正式揭牌。作为北京中轴线以东首个国家5A级文化旅游景区，经过近几年的改造提升，景区内的古迹焕然一新。燃灯塔及周边古建筑群内文物古迹得到全面修缮，园林设计整体美化和夜间景观提升工作的完成，让"一枝塔影认通州"的千年盛景在大运河畔重现光彩。

距今已有2500多年历史的大运河是世界上开凿时间最早、流经距离最长、规模最大的古代运河，书写了中华文明发展的壮丽篇章。2021年年底，通州融媒推出重点系列报道《运河印象》，挖掘运河悠久历史，探寻文物古迹，记录城市发展变迁。作为摄制组团队成员，负责其中一期节目文案策划和出镜、剪辑工作的我和摄像一起跨过位于通朝边界的八里桥，一路向东，找寻中仓仓墙遗迹，从通州博物馆到通州区图书馆，感受漕运盛景、文脉悠长。

横跨在通惠河上的八里桥因距离通州"八里"而得名。昔日著名的通州八景之一"长桥映月"说的就是这里的景致。早年间，作为北京大道至通州的必经之路，跨过了八里桥，就是通州城了。2014年八里桥被录入世界文化遗产京杭大运河的文物名录，2021年10月22日被列入北京市第一批水利遗产名录。

2019年，饱经岁月洗礼，超570岁高龄的老八里桥暂停使用，不远处建设完成的"新八里桥"正式上岗，替代老桥承担交通运载功能。

我和通州区文史专家池源老师一起站在新桥上，看向不远处的老八里桥。桥与桥之间的距离，仿佛是历史长河流过的岁月。

八里桥，原名永通桥。公元1446年，明英宗敕建永通桥，把当时的木桥建成石桥。漕粮从通州的皇仓出库装船运出，进入北京城。

池老激动地和我讲起历史："八里桥在历史上起着重大的作用，被誉为拱卫京师四大桥之首。1860年8月21日，发生了震惊中外的八里桥之战，僧格林沁率领着两万多名清军，以血肉之躯抵御英法联军的侵略，在我们民族史上留下了英勇不屈的一页。"

2024年6月，拥有近600年历史的八里桥完成修缮正式开放。宽阔整洁、古朴坚固的石桥上原状保留着形态各异的石狮，伴随古桥走过几百年的风风雨雨。

从八里桥向东，驱车四公里，我们来到了位于中仓路10号的中仓仓墙遗址。行走在如今充满烟火气的中仓路，满载当年漕运鼎盛印记的中仓仓墙淹没在了寻常百姓家的房前屋后。你甚至很难想象，这里曾经是大名鼎鼎的皇朝粮仓。而透过那些古老又残缺不全的墙壁以及遗世独立的石碑，你依稀能够感受得到，那随运河飘荡而来传承千年的漕运仓储文化。

池老带着我走在通州南大街的老胡同里，挨家挨户地寻找中仓仓墙的遗迹。为了能帮我快些找到历史书上留下的那些珍贵的现实遗存，当时76岁的池老步伐很快，他在前面走，我和摄像在后面追。用手抚摸着记录久远历史、经过岁月冲刷的砖墙，池老给我讲了一个长长的历史故事。

"天子守国门，君王死社稷。当时的永乐皇帝也就是明成祖朱棣已经夺取了政权，在南京继皇帝位。他为了保卫北方的边疆，抵御外敌入侵，在北京建都。当时的通州是运河沿线的一个重要的码头，而中仓是北京城里的仓储以外，最重要的皇家粮仓之一。"

明清时期，通州因其优越的地理位置和水利条件，成为漕运仓储的重要地点，确保了北京及周边地区的粮食安全。中仓的设立和管理则充分体现了古代中国对于粮食安全和储备的重视。古粮仓是古代中国仓储管理制度的重要组成部分，对于研究古代中国的经济、社会和军事历史等具有重要意义。

沿中仓仓墙遗址北边胡同，向东步行不足500米，就是通州博物馆。通州博物馆自1992年建馆到现在已经有32个年头了，重点展出两千多年的通州历史文化和京杭大运河出土文物。

通州博物馆是典型的北京建筑风格——清代二进四合院。秉承着小馆做出大文章的理念，2014年重装亮相的通州博物馆将一座传统与现代、时空与文脉相结合的综合性博物馆呈现在了参观者的眼前。

有人说，大运河上飘来紫禁城。作为漕运重镇的通州，自然记录下了运河两岸灿若星辰的百姓故事和文化传承。在博物馆中的通州文明展区，我们可以看到古老的运河文化在通州绵延数千年的发展历史，同时也可以感受到一代又一代通州人辛勤耕耘、崇尚文明的奋斗精神。

博物馆的讲解员窦海凤把我带到博物馆的镇馆之宝——军粮经纪密符扇的展台前。密符扇上有很多奇特的符号。仔细观察，两面各50个密符，符号下方有相应的中文释义，但我仍然很难明白其中的意思。

窦海凤耐心地为我解答："清朝年间，从南方运来的漕粮都要由军粮经纪来验收。验收合格之后，漕粮才能够装袋入仓。军粮经纪需要用上等的竹炭在粮袋上做上这种符号的标记，以便今后的坐粮厅和朝廷御史来抽查。如果发现有粮食不合格或者以次充好，可以根据上面的符号，直接找到当时负责验收的军粮经纪，有效避免了贪污腐败问题的发生。"小小的扇子竟然是监督古代官员的利器，不得不被古人的智慧折服。一把扇子不仅包含儒家文化、江湖气息、风土人情，还承载了辉煌的漕运文化，更是社会经济、传统文化的反映，对于研究漕运历史是一件珍贵文物。①

由通州博物馆向东驱车 7 分钟，我们来到了此行的最后一站——通州区图书馆。坐落在大运河畔、通胡大街 76 号的通州区图书馆是国家级一级图书馆，至今已经有百年历史。

我站在图书馆二层的运河文化展示平台，指着我身后绚丽的电子屏对观众说："你看它仿佛是一面可以穿越古今的魔镜，带你看遍运河两岸的美景，感受随运河水流淌的浓浓民族深情。"

穿行于藏书超过 80 万册的图书馆，仿佛漫步在书的海洋中，在位于图书馆 9 层的运河文献资源中心，我们感觉到仿佛时间都在变慢，而驰骋的思维却可以带你回到千年以前。

通州区图书馆的杨兰英馆长向我介绍："馆里目前收藏了两万多种、五万多册的文献资源，不仅包括纸本的文献资源，还包括图书馆自建的数据库、展示平台，一些音视频等。这些丰富的资源体现形式，就是为了让读者能够更好地了解通州，了解运河文化，讲好通州故事。"

从万舟骈集的漕运盛景到载入史册的运河历史，悠悠运河水沉淀几千

---

① 张群琛.副中心探宝之解码密符扇［EB/OL］.［2024-11-30］.http://kanbao.dayuntongzhou.com/mobile/Qnews.php?id=11246.

年文脉的同时，也滋养着运河两岸的儿女，成为亿万人心中共同的精神家园。曾经的通州，银号、商号、会馆林立，繁盛的码头呈现万舟骈集的景象。如今作为北京城市副中心的通州，在新的时代中续写着随运河水沉淀的千年文脉，继续绽放着璀璨的光辉。

二、活力副中心

2024年4月21日，2024北京城市副中心马拉松赛鸣枪开跑。从"半马"到"全马"，副中心马拉松之路跑进新历程。今年的"副马"起点设在北京（通州）大运河文化旅游景区核心景点燃灯塔前。万余名选手一边参赛，一边沉醉在大运河畔的美丽风景中。城市副中心的历史底蕴和现代化建设成果相互映衬，古今同辉的城市风貌出现在各位选手的"朋友圈"里。

为了配合赛事宣传工作，也为了给参赛选手推介在副中心吃、住、娱、游、购的好去处，通州区融媒体中心安排主持人IP组合"超帅兄弟"提前进行了副中心全程马拉松攻略的系列短视频拍摄工作。其内容包括：涉及沉浸式运河游船体验、航线介绍、购票提示的"游船篇"；从早点到晚餐，从百年老店大顺斋的糖火烧、小楼烧鲶鱼到小巧别致、富有特色的点心店、小饭馆，从万达商圈到远洋乐堤港再到爱琴海购物公园商业体的色香味之旅的"美食篇"；对三大特色小镇里新中式风格、哈利·波特主题的特色民宿，北投绿心网球酒店等运动酒店进行沉浸式探访的"住宿篇"。把一个活色生香、充满烟火气的城市副中心生动展现在四方宾朋眼前。

同时，按照通州区融媒体中心的重点项目部署要求，播音主持管理部的主持人团队在"燃情副马 活力通州"2024北京银行北京城市副中心马拉松活动现场设置地推区。在进行地推活动前，根据赛道设置及前期主持人打卡拍摄体验，我们设计了比赛期间推荐跑友和市民打卡的景点点位图，宣推副中心赛道沿线美景，定制"副中心生活图鉴——城市副中心马拉松赛最美赛道"主题宣传品，与通州融媒运营的新媒体平台"通通来运动""北京通州发布""文旅通州""小红书—通小融"等共同进行现场宣传推介。

图1 在2024北京银行北京城市副中心马拉松活动现场，通州融媒向比赛选手、现场观众推介城市副中心最美赛道时的"副中心生活图鉴——城市副中心马拉松赛最美赛道"主题宣传品

2024北京城市副中心马拉松的比赛起点与城市副中心运河商务区隔河相望，比赛选手、媒体朋友、现场观众能够同时近距离感受运河商务区建设发展成就。

古塔脚下，新城崛起。作为北京城市副中心的商务功能区，运河商务区地处百里长安街东端、千年大运河北首、国家5A级大运河文化旅游景区内。位置得天独厚，多河富水，在京杭大运河、通惠河等五条河流交汇处，已经发展成为北运河畔一颗闪耀的明珠。

运河商务区开工建设之前，我曾经去那里进行过采访。当时的工作人员向我介绍，核心启动区所处的位置，在2008年的时候还是平房密布、交通紧凑的样子。2010年启动拆迁，2016年各开发项目全面启动建设，2017年正式被命名为运河商务区。如今，这里一幢幢摩天大楼拔地而起，与周边的燃灯塔、大光楼等历史文物古迹和优美自然风光融为一体，呈现出一幅清新明亮、蓝绿交织的生态画卷，构建了水城共融、产城共兴的发展格局，再现了千年古老大运河的商贸繁华盛景。一座现代化国际商务区生机勃发，正在无限生长。

截至2023年年底，运河商务区已建立全方位招商服务体系，区域内共有注册企业22944家，注册资本金4928亿元，近三年新增企业数量年均4100家。吸引了三峡集团、中建集团等一批央国企二三级子公司入驻；中国银行、农业银行、工商银行、建设银行、邮储银行、上田八木、北银理财、华夏理财、中金财富证券等金融机构落地；普华永道、IDC咨询、德谕泽律所、盈科律所等一批高端商务服务企业加速集聚；绿交所、绿金院等一批绿色带动效应显著的头部企业形成示范效应。

2024北京城市副中心马拉松赛的赛道贯穿北京（通州）大运河文化旅游景区北、中、南三区，景区中包含了"一河、两岸、六园、十八景"，其中众多的网红打卡地从北向南，绵延超过12公里，令人流连忘返，充分展现通州悠久的历史文化，体现城市副中心古今同辉的融合发展风貌。为了以更广阔视角记录最美赛道上参赛者们的奔跑姿态，通州融媒派出航拍团队，全程跟进城市副中心马拉松赛，从空中俯瞰城市秀美春光，感受发展活力。

北京（通州）大运河文化旅游景区是通州融媒的采访出镜团队经常进行拍摄的宝藏打卡地，也是优质大片和网红打卡短视频拍摄素材的"富矿"。

其中，北区是通州区融媒体中心举行网络长直播、主题活动及拍摄短视频的"老朋友""老地方"。以燃灯塔及周边古建筑群为特色，每年春暖花开或是初雪降临时，就有很多年轻人身穿传统汉服在古色古香的环境中拍照打卡。曲径通幽处碧波荡漾，青瓦红墙间古树嶙峋。游客们沉浸在景区历史文化的韵味当中，体验国潮乐趣。由通州融媒出品，主持人团队拍摄的代表性短视频《主播说节气——夏至》《艾草飘香 端阳又至》《副中心初雪浪漫来袭 来大运河文化旅游景区邂逅冬日美景》等都是在这里完成取景的。而曾经收获两百余万人次关注的"'运河这边 风景正好'北京（通州）大运河文化旅游景区系列文化活动、2022运河文化时尚大赏"近七个小时的"长直播"活动也是在这里举行的。

北京大运河文化旅游景区的中区，是集休闲、娱乐、教育、体育、竞技、健身、水上游乐观光于一体的运河公园。每年这里都会举行很多赛事。像我之前提到的2023年的运河赛艇大师赛、全国电动冲浪板联赛，以及2024年端午节期间首次在城市副中心举行的端午龙舟大赛等，吸引了全国各地的很多朋友甚至国际友人前来参赛。其中，端午龙舟赛作为目前北京市规模最大的全民健身龙舟赛事，在城市副中心的千荷泻露桥至东关大桥水域擂鼓开桨。共有20余支队伍、近400名运动员参赛。通州区融媒体中心也同步进行了"龙行运河 水韵端阳——副中心端午节文化活动"的直播活动，对龙舟赛进行实时直播，并进行了主题文化访谈、互动采访、现场体验等，带领市民朋友感受浓浓端午传统文化，传递大运河故事、讲述京津冀协同发展变化。整场直播从早上8点40分开始至中午12点30分结束，长达230分钟。通州区融媒体中心通过"北京通州发布"新媒体平台和"融汇副中心"客户端等进行现场直播。这场气氛火热、充满竞技生命力的直播活动，吸引了46万余人线上观看，向广大网友展示了一个万物竞发的活力副中心。

位于大运河文化旅游景区南区的大运河森林公园也是城市副中心百姓周末赏景遛娃的好去处。月岛闻莺、银枫秋实、明镜移舟等六大景点就像缀在运河岸边的珍珠，闪烁着静美的光彩。

副中心全马的跑者们，用脚步丈量着这座城市的发展。同样，穿越时空的隧道，运河两岸的发展从未停步。北运河南岸，一座现代化国际潮流新地标崛地而起，成为令世界瞩目的绚丽旅游带。

位于城市副中心的北京环球度假区是全球第五座环球影城主题乐园，占地面积近 400 万平方米。2018 年 8 月，北京环球度假区一期工程的主体建设正式启动，于 2021 年 9 月 20 日正式开园。其中内含变形金刚基地、侏罗纪世界努布拉岛、功夫熊猫盖世之地、小黄人乐园、哈利·波特的魔法世界、好莱坞和未来水世界七大主题园区。游客在这里可以品尝不含酒精的黄油啤酒，还可以近距离与威震天、小黄人快乐自拍，与功夫熊猫一起在飞翔中体验中国功夫的魅力，亲身体验哈利·波特的魔法世界。

我们通州融媒的官方媒体平台曾经对北京环球度假区做过多次报道。其中，短视频平台还发布过环球度假区的游玩攻略及《在国际消费体验区来一场免费的周末旅游》的短视频。

位于运河西岸的北京环球度假区的城市大道正中区域，有环球度假区最著名的地标景观——环球大 Logo，来到北京环球度假区的游客都会在这里拍照留念。千年传奇的大运河与现代世界文明在这里有了一场奇妙的相遇。

穿过城市大道，在进入园区之前能看见一条东西走向的新河道，这就是贯穿环球度假区的河道景观水系。从这里望去，景观水系像是一条飘逸的丝带，将古老的运河文明与年轻的环球度假区紧密地串联在一起。水系全长约 2.8 公里，以"运河记忆"为设计理念，景观各处细节融合了中国文化理念和西方造园理念，比如一些景观石上绘出的运河流域图，象征运河在中华大地上穿行。中国文化的含蓄与河对岸热闹的环球影城，形成静谧与开放、古与今、中国与世界的对话。

北京环球度假区开业即为顶流，为助力城市副中心文旅产业高质量发展做出积极贡献，并成为城市副中心文化和旅游行业新地标。数据显示，2023年上半年，在北京环球度假区带动下，城市副中心文体娱乐业收入同比增长101.6%，高于全市97.7个百分点。2024年上半年通州区文旅板块共引入企业224家，注册资本约9.3亿元，文化艺术业1—5月营收2.3亿元，同比增长9.8%。

2024年，北京市通州区文化和旅游局印发《关于北京城市副中心促进文旅产业高质量发展的实施细则》（简称《实施细则》）推出13项举措，促进文旅产业高质量发展。《实施细则》明确，鼓励文旅商体联动，释放消费潜力。通过文体商旅融合发展，不断为市民提供丰富多元化的消费场景，引领消费新风尚，为活力之城注入蓬勃动力。

激发消费新活力的务实举措，也是促进城市副中心高质量发展的有效路径。聚焦大运河生态资源禀赋，以"运河+体育"模式打造运动品牌赛事，全面展现运河魅力；有颜有趣的打卡地越来越多，宋庄的咖啡厅、台湖的音乐会、造型优美形似荷叶的千河泻露桥、"书似青山常乱叠，灯如红豆最相思"的阅青山书店……这些美丽的存在有着有趣的灵魂和运河岸边独有的文化基因，如繁星闪烁，洒在城市副中心906平方公里的土地上。

如果你关注"北京通州发布""融汇副中心""小红书—通小融"等通州融媒的官方媒体发布平台，就一定会看到这些具象化、生动的表达出现在我们的短视频作品中。"魅力副中心 带您来打卡""副中心生活图鉴""享趣通州""副中心探宝""书香副中心"等系列短视频的发布，向广大网友及市民展现了一个有颜有趣、有料有梗、有故事有情怀的乐活副中心。

三、近悦远来，心向往之的副中心

古今同辉的城市副中心，绵延着千年文脉。源远流长的运河文化和璀璨夺目的漕运文化融合在一起，汇聚起千年之城——通州。三庙一塔、大光楼等名胜古迹以及花丝镶嵌、船工号子、骨雕艺术等非物质文化遗产，彰显着通州深厚的历史文化底蕴。历史长河中的李贽、曹雪芹，当代的冯其庸、黄永玉、刘绍棠、韩美林、王梓夫，这些响当当的名字，在传说里或是书本的故事中生长或扎根，以不同的方式和这片土地结缘，生动地诠释着古韵通州的钟灵毓秀、人杰地灵。

进入新时代，生机勃发的副中心拔节生长、阔步前行，宏伟蓝图正一步步变为生动现实。而十三年前，我从母校中国传媒大学毕业来到通州时，却从没想过，通州能发展成如今这样。

2011年我从中国传媒大学应届硕士毕业的时候，通州的交通网络远不如现在发达。好在有一趟地铁八通线，可以从传媒大学站一直坐到通州北苑站。我再换乘一趟公交车，就能到达位于新华大街的通州区融媒体中心（以前的通州区广播电视中心）。

那时候，我刚刚结束在中央人民广播电台的实习工作，与大台聘失之交臂。那个年代，中央人民广播电台的大台聘对于万千毕业生来说，无论是平台吸引力还是福利待遇，都是非常具有吸引力的。于是，入台考试，我同全国报名的几万名应届生一起，洋洋洒洒从初试考到笔试、面试、再面试，一路考到还剩13位面试者参加的最后一试，不幸落榜。当时我实习部门的主任安慰我说："靖楠，不然先试试其他地方，过一阵台里有社会招聘，再通知你来上班。"当时的我，说是太过执着也好，太过固执也罢，就这么孤注一掷地选择实习、考试全在一家单位。这一次的失败就意味着，我真的要面临毕业还找不到工作的困境了。

一筹莫展之时，学校班级群里发布了一条通州电视台的招聘启事。我查了下路线，校门口有趟地铁可以直接到通州。于是约了播音学院同样也是应届本科毕业的小师妹一起，参加面试。面试当天，我俩一人花了一百块钱，在校园里一家做主播妆造的理发店里，吹了吹头发，化了个主播妆。我们就这样顶着吹得蓬松得像锅盖一样的头发，一起去通州电视台面试了。

面试的场景至今记忆犹新。通州电视台负责面试工作的领导是当时总编辑部的董主任。一身黑色中山装，头发梳得很整齐，带着特有的共鸣腔，说话字正腔圆、声音洪亮。当天十几位面试者中，只有我和小师妹化了全套的主播妆，着装也是很正式的上镜套装。可能因为这个原因，董主任和我们交流的也比较多。他问我：会写稿子吗？我说会。他说："是只想播音还是其他文字性工作也愿意做？"我说："愿意啊。写稿子也是播音广义备稿的一部分。我挺喜欢写稿子的。"我依稀记得当时董主任的表情看上去挺满意的。后来，又经过试镜等环节，最终我被录取了。

我记得在我办理完应届硕士人才引进留京手续的第三天，接到中央人民广播电台当时实习部门主任的电话。我和主任说我刚刚办完留京手续。电话那边的主任说："在通州台好好给人家干吧。"

是啊，对于当时毕业后可能面临在北京无处可去、打道回府的我来说，通州电视台的"收留"太重要了。更重要的是，这里给了一个从北方小城独自来北京求学、在偌大的北京城谋生的孩子一个家。

那时候临近毕业的我，从传媒大学往返通州乘坐的地铁八通线是把通州区与中心城区连接在一起最主要的交通通道。如今，通州已经从曾经的郊区升级为北京城市副中心所在地。目前，城市副中心已开通 5 条地铁线路，区域内共建设近 30 座地铁站。我印象中的通州，如今的北京城市副中心，发生了翻天覆地的变化。

2024年，副中心首条内部线路——途经北京大剧院站、体育中心站、张家湾西站的M101线，14个站点全面开工；同年年底，地铁6号线草房站至潞城站开通运营，通州北关是其中一站。通州北关地铁站周边古香古色的燃灯塔、大光楼与西海子公园交相辉映，通惠河碧波荡漾，运河商务区的现代化楼宇鳞次栉比、气势非凡；地铁22号线（平谷线），将串联起CBD核心区、定福庄组团、副中心、燕郊、平谷新城等重点功能区，建成后，北三县老百姓最快9分钟就能抵达副中心；环球度假区站东北方向，可实现八通线和7号线换乘的花庄站不远处，部分主体建在张家湾车辆段上的"湾里"项目将于2025年落成，届时将建成北京最大的奥特莱斯商业综合体；地铁7号线途经的环球影城北部规划的文旅产业带，也将通过充分发挥环球主题公园外溢效应，做好"首店经济""夜间经济"两篇大文章。

2023年5月12日，习近平总书记在深入推进京津冀协同发展座谈会上指出，"北京城市副中心高质量发展步伐加快"，为城市副中心未来的工作指明了方向。2024年以来，北京城市副中心积极开展高质量的规划建设，精心构筑一流的城市框架。建成后将辐射带动周边约500万平方米和十几平方千米的城市空间的东六环入地改造工程、作为京津冀"一小时交通圈"重要一环的副中心站综合交通枢纽工程、六环高线公园建设……诸多重大项目绘就副中心高质量发展的生动实践，"千年之城"画卷已然展开。

近年来，城市副中心加快培育高质量发展动能，大力发展新质生产力。金融业成为副中心的支柱产业，数字经济成为副中心新的增长点，大力发展元宇宙、网络安全等数字产业。同时，医药健康产业成为副中心创新发展的重要新引擎。当前副中心汇聚了北京大学人民医院、友谊医院、东直门医院等9家三级以上医院。

数字经济、现代金融、先进制造、商务服务、文化旅游、现代种业六大产业苗壮成长，未来信息、未来健康、未来能源三大未来产业蓄势待发，助推新质生产力夯基固本、扩容提质。

经过八年发展历程，北京城市副中心已从"生机勃发"迈向"高质量发展步伐加快"的新阶段。

2024年1月27日，在各地文旅部门纷纷上线喊话引流、官方新媒体平台"放飞自我"发布各自城市文化旅游资源推介短视频为自己的城市上分的时候，作为通州融媒天然代言人的主持人团队怎么能够缺席呢？我叫来主持人中作词作得最好的冉帅同学，和他商量主持人推介城市副中心文旅资源的喊话引流文案。除了和冉帅确定需要重点宣传的内容，我们还达成一致意见，这条短视频务必要有"网感"。简单来说，所谓的"网感"就是对网络的一种感觉，这种感觉主要是指新媒体从业人员对网络信息的敏感度，这种敏感度会给新媒体从业者带来一些灵感，使其对网络热点、网民的关注方向及网络的发展趋势具有很强的把控能力。[1]

除了紧扣用户思维、回应网民关切，主持人们无论是语言样态，还是动作、表情、着装等副语言，都要敢于突破自我，有所创新。这样才能从内容到形式，都令人耳目一新，激发受众观看热情。

于是，通州区融媒体中心的主持人们化身说唱歌手，扎扎实实地解放了一回天性，为副中心文旅扛大旗。从创作到录制再到剪辑完成，一共三天的时间，由主持人冉帅原创的短视频《我为家乡文旅扛大旗 北京通州融媒主播来上分了》就在"北京通州发布"视频号上发布了。主播们你一句我一句，激情四射推介副中心。

通州　可不普通

听我来给你说一说

---

[1] 谭贤.新媒体运营从入门到精通［M］.北京：人民邮电出版社，2017：9.

近悦远来副中心，欢迎大家来光临！

千年大计　国家大事
高质量发展新篇章
千亿投资　重大工程
每年都有新变化
燃灯塔　大光楼
环球影城你畅玩游
运河水　千年流
蓝绿交织好享受
三大文化建筑遛一遛
书香美展好剧把您留
定位新　元宇宙
友谊安贞解烦忧
京津冀　共携手
瓣瓣同心一起走
种业园　科技院
科技为农做贡献
商务区　网安园
金融集聚谋发展
赛艇赛　马拉松
市民通通来运动
台湖宋庄张家湾
特色小镇不一般
船工号子喊一喊
花丝镶嵌美名传
舞龙灯　小车会

近悦远来　心向往之——我在北京城市副中心当主播

> 乡镇大集真美味
> 咯吱盒　糖火烧
> 通州特色真地道
> 南大街　好热闹
> 百年老店生意好
> 近悦远来副中心
> 欢迎大家来光临

因为部门里所有的主持人都需要合体出镜，拍摄的任务就落在了部门里年龄最大、从业时间最长的李凡凡老师的身上。由于工作安排，已经取得专业技术副高级职称多年的凡凡老师近年来鲜少出镜，大部分的精力都花在对新入职主持人的业务培训上。我记得为了能把所有主持人都拍进画面里，当时凡凡老师颤颤巍巍地爬到桌子上，在一片欢笑声中，为大家俯拍了这张大合影。这应该算是部门里截至目前最重量级的短视频摄像了。

在大家的集体努力下，这条短视频在"北京通州发布"视频号、抖音、快手等平台的播放量达到 6 万次。主播们以健康阳光的形象、诙谐幽默的方式、朗朗上口的歌词向广大网友展现了一个近悦远来、令人心向往之的北京城市副中心。

近些年，在习近平总书记的亲自擘画、亲自部署、亲自推动下，在北京市委的坚强领导下，城市副中心紧抓发展机遇，立足区域禀赋优势，全力培育新质生产力，为高质量发展不断聚势赋能。未来，城市副中心将紧紧围绕答好市委"二十年之问"[①]，深化完善"11311"工作体系，全面开展

[①] 二十年之问，即城市副中心 2016 年启动，到 2035 年我国基本实现社会主义现代化，能否利用这 20 年时间把副中心打造成为中国式现代化进程中的城市发展样板。

科创资源倍增、"十百千"产业集群培育、全域场景创新之城建设"三大工程",着力形成以科技创新引领产业创新、以集群化发展增强产业链韧性、以一流产业发展生态推动新质生产力发展的良好格局,加快打造中国式现代化进程中的城市发展样板。

图2 在短视频《我为家乡文旅扛大旗 北京通州融媒主播来上分了》里,主播们为了推介城市副中心的文旅资源,放飞自我,拼了!图片来源:"北京通州发布"视频号

全媒体时代,习近平总书记对新闻工作者有着许多深切关怀和深深期许。"要转作风改文风,俯下身、沉下心,察实情、说实话、动真情,努力推出有思想、有温度、有品质的作品","要树立以人民为中心的工作导向","要深入开展马克思主义新闻观教育,引导广大新闻舆论工作者做

党的政策主张的传播者、时代风云的记录者、社会进步的推动者、公平正义的守望者"……这是殷殷关怀，也是谆谆嘱托。身处新时代，作为城市副中心官方媒体平台的播音员主持人，要时刻牢记使命在肩，保持人民情怀、记录伟大时代，讲好城市副中心故事，传播城市副中心声音，用动人声音和最美语言，以媒体融合发展的时代强音，勾勒出一个更加生机勃发的城市副中心的美好画卷！

参考文献

[1] 鲁景超.用声音传播：人民广播播音70年回顾与展望[M].北京：中国传媒大学出版社，2011.

[2] 杨嫚.新媒体内容生产与编辑[M].重庆：西南师范大学出版社，2016.

[3] 张颂.播音创作基础[M].北京：北京广播学院出版社，1990.

[4] 张颂.中国播音学：修订版[M].2版.北京：中国传媒大学出版社，2003.

[5] 吴郁.当代广播电视播音主持[M].上海：复旦大学出版社，2005.

[6] 王秋菊.网络编辑对网络舆论形成与传播的影响[J].新闻界，2010（5）.

[7] 谭云明.网络信息编辑[M].北京：中央广播电视大学出版社，

2007.

［8］彭兰．网络传播概论［M］．5版．北京：中国人民大学出版社，2023．

［9］王晓红，赵希婧．网络视频传播特性探析［J］．中国广播电视学刊，2009（5）．

［10］吴声．超级IP：互联网新物种方法论［M］．北京：中信出版社，2016．

［11］陈施君．北京城市副中心媒体全面改版升级三周年 把副中心的声音传得更远更广更深［N］．北京城市副中心报，2023-10-19（1）．

［12］王一九．从0到1打造个人品牌［M］．北京：电子工业出版社，2020．

［13］广播影视业务教育培训丛书编写组．广播电视播音主持业务［M］．北京：中国国际广播出版社，2005．

［14］徐泓．不要因为走得太远而忘记为什么出发［M］．北京：中国人民大学出版社，2012．

［15］厦九九．5小时吃透小红书［M］．北京：人民邮电出版社，2022．

［16］褚亚玲，强华力．新媒体传播学概论［M］．北京：中国国际广播出版社，2018．

［17］叶小鱼，勾俊伟．新媒体文案创作与传播［M］．北京：人民邮电出版社，2017．

［18］谭贤．新媒体运营从入门到精通［M］．北京：人民邮电出版社，2017．

［19］李洪岩．播音主持传播定位的历史变迁与时代特征［M］//鲁景

超.用声音传播：人民广播播音70年回顾与展望.北京：中国传媒大学出版社，2011.

[20] 刘建明，纪忠慧，王莉丽.舆论学概论[M].北京：中国传媒大学出版社，2009.

[21] 魏佳.论新媒体环境下"受众"新特征[J].新闻爱好者，2009（12）.

[22] 高颖.新媒体时代下的新闻传播主体[J].西部广播电视，2015（17）.

[23] 郑文聪."网红3.0"时代的特征及受众心理[J].新媒体研究，2016，2（6）.

[24] 刘伟.智能传播时代的人机融合思考[J].人民论坛·学术前沿，2018（24）.

[25] 张颂.中国播音学发展简史[J].媒介研究，2007（6）.

[26] 陈京生.电视播音与主持[M].北京：北京广播学院出版社，2000.

[27] 宫承波.传播学纲要[M].北京：中国广播电视出版社，2007.

[28] 敖鹏.网红为什么这样红？——基于网红现象的解读和思考[J].当代传播，2016（4）.

[29] 詹新惠.新媒体编辑[M].北京：中国人民大学出版社，2013.

[30] 王炎龙.网络新闻编辑的特性与规律[J].新闻界，2007（5）.

[31] 刘瑞生.新媒体发展的态势与基本特征[J].新闻战线，2010（11）.

附 录

AI 新技术如何赋能广播电视内容创作
——《AI 在副中心，春回运河畔》创作感悟

通州融媒主持人　冉　帅

　　2024 年 4 月 24 日 10 时整，北京城市副中心的大运河森林公园月岛观景平台挤满了人，群众纷纷举起手机，记录下一个唯美的画面：在绿意盎然的春色之中，一群衣袂飘飘的国风模特穿着汉服，随着古风古韵的国风音乐款款走秀。此刻正在进行的是由通州区融媒体中心和央视财经新媒体首次合体共创的"AI 在副中心，春回运河畔"直播活动。让作为总策划、总导演和主持人的我没有想到的是，AI 技术和北京城市副中心绝美春色的趣味搭配产生了奇妙的化学反应。"北京通州发布"和央视财经新媒体平台的观众反响热烈，频频互动，当直播结束我看到全网直播总观看量超 135 万次的时候，恰好有一阵清爽的微风吹过我的脸庞，扫除了我连日来奔波的疲惫。这是属于媒体人的幸福瞬间，这些辛苦，值得！

人工智能技术的不断突破与持续创新，正以前所未有的深度和广度，悄然渗透并重塑着各行各业的运作模式、生产效率甚至整个社会的经济结构与发展方向，带来了一场前所未有的变革浪潮与无限的发展潜力。在这场变革中，人工智能不仅提高了生产效率，优化了决策过程，还推动了影像创作方式的不断变革，为广播电视领域注入了新的活力。而在这个万物复苏、生机盎然的春日里，当大自然展现其最温柔、最绚烂的一面时，温暖明媚的阳光、嫩绿的草地、绽放的花朵与日新月异的科技力量相互融合，将会擦出怎样璀璨夺目、充满想象与希望的智慧火花呢？

以上是一次我和央视财经新媒体的朋友偶然聊天的过程中，她和我探讨的内容。从大部分人的感知来看，人工智能技术似乎是冰冷的，春日美景似乎是温暖的，这两者给我们带来的情绪感知几乎是相反的，如何将这两者巧妙结合，形成一个既突出技术发展，又展示春色灿烂的直播内容，我自告奋勇，希望和总台财经新媒体联动，通过直播的形式表达出来。

在经过领导的多方沟通并得到其支持后，我正式开始了策划工作。首先需要解决一个根本性问题，"AI+春日美景"，怎么结合？这个直播既要紧紧围绕推进北京城市副中心高质量发展、推动副中心文旅产业发展、促进大运河文化带建设等重点工作，紧跟时代主旋律、紧扣副中心建设、紧贴火热生活，展示城市副中心"近悦远来、心向往之"的城市形象，又要把当前火爆的 AI 技术巧妙地融入其中，让直播既好看又好玩。为此我查阅了大量的资料，系统性地了解了当前国内外比较火爆的 AI 工具，如 AI 音乐生成软件网易天音，它是一个专业、高质量的 AI 歌曲和音乐创作平台，用户只需输入简单的文本提示词，即可根据流派风格和歌词生成带有人声或者不带人声的歌曲。音乐是最能打动人心的艺术形式，关键是生成什么样的音乐才能和春色巧妙结合呢？我的脑海中马上就浮现出"国风走秀"这四个字，其灵感正是来源于北京城市副中心每年和北京服装学院共同开展的"运河文化时尚大赏"活动,其中的国风走秀环节广受好评。那就让国风模特们穿着汉服,和着 AI 生成的音乐,在大运河森林公园"一层观运河,二层观通州,三层可观北京副中心发展全貌"的月岛观景平台上款款走秀,春日美景 +AI 音乐 + 国风走秀,既"种草"了美景,又聆听了 AI 音乐,还欣赏了中国传统文化之美,岂不美哉!说干就干,我输入关键词"生成一段由琵琶演奏的国风走秀纯音乐",网易天音随即生成的音频质量确实很高,随后我将音乐发送给国风模特们,请她们配合音乐设计走秀舞步。在直播中,身着汉服的模特们步履优雅,美轮美奂,完美展现了春天的美丽与 AI 音乐的奇妙结合。

附图 1　春色国风,相映成趣

在我的策划中,这场直播需要声色俱佳,光有一部分"春日走秀 +AI 音乐"是远远不够的,于是我继续了解 AI 工具。作为知名的 AI 工具,文心一言一经发布就吸引了海量用户的关注,它是一个强大的自然语言处理(NLP)工具,具有出色的自然语言理解与生成能力,可以在众多场景下提供有价值的回答或建议。结合这个工具的功能，我马上想到，AI会不会写诗呢？如果我让它写一首春色美景的诗和我们最为经典的诸如《村居》等流芳千古的古诗比一比，会不会擦出奇妙的火花呢？我进一步想到，可以采取我和一个小学生PK朗诵的形式，她来读古诗，我来读AI文学，让观看直播的观众们打分，PK这种方式本身就是调动节目氛围吸引大家关注的利器，再加上人工智能与中国传统文化的比拼，让这个挑战多了一些更深层次的探讨——AI能否取代中国传统文化？至于直播的场地，毫无疑问一定是2023年12月刚刚对外开放的网红图书馆——北京城市图书馆，这座图书馆将中国传统的"赤印"意象和新型公共空间设计完美结合，超高通透的玻璃幕墙让自然与建筑融为一体，是我心目中的最美图书馆。于是我借助文心一言创作了一首反映城市副中心春色美景的现代诗，与贡院小学高丹妮同学的《村居》进行了一次朗诵PK，孩子清澈的童声与诗歌中的春天元素相互交织，营造出一种温馨而美好的氛围。

附图2 春日阅读，书山畅游

在策划过程中，我也关注到了一款叫作 Midjourney 的 AI 绘画软件，只要输入想到的文字，就能通过人工智能产出相对应的图片。最初我设想的是，让 Midjourney 生成一幅春天的画，作为画框底图，在上面点缀上北京城市副中心各种颜色的花，但是这种设计总感觉有点"浅"，文化方面的底蕴有所欠缺。这时我猛然想起之前采访过的通州非遗"通草花"，这个"叫草不是草，叫花不是花"的通草花经由非遗传承人李依凡老师的一双巧手，可以做到以假乱真堪比真花。"春日非遗+AI 绘画"，我可以作为探访主持人，和李依凡老师共同现场制作通草花，然后将通草花装裱在由 AI 绘制的反映春色的画框中，既可以展示永远不会凋谢的通州非遗通草花的精妙绝伦，又巧妙地把 AI 绘画结合其中，全面展示非遗和 AI 的奇妙碰撞。正好李老师的非遗传习所开在大运河文化旅游景区燃灯塔景区内，把这部分的直播场地选择在燃灯塔景区就再合适不过了。作为古通州八景之一，"古塔凌云"的燃灯塔是通州的标志性建筑，"无恙蒲帆新雨后，一枝塔影认通州"，清代诗人王维珍的《古塔凌云》就是最好的赞颂。于

附图 3　非遗春花，栩栩如生

是我借助 Midjourney 生成了一幅 AI 绘画，在古色古香的燃灯塔景区内，与李老师共同制作非遗通草花，由 AI 绘画制作画布，让观众领略非遗文化与未来科技碰撞产生的独特魅力。

前三个板块都策划完毕，最后一个板块的任务也就很明确了，将这场直播活动的主题进行凝练，引爆整场直播的情绪点，圆满结束这场直播。既然直播的主题是"春回运河畔，走进北京城市副中心"，那就一定要来一场惬意的春日露营，我选择了宋庄艺术小镇的露营基地。作为北京城市副中心三大特色小镇之一，宋庄艺术小镇是 7000 多名艺术家的"梦工厂"，被誉为世界上规模最大的艺术家群落，可以说是"副中心艺术花园"，在这里我和好友赵益晗露营欢歌，共同唱响由网易天音创作的春日歌曲，歌声悠扬，将现场氛围推向高潮，正好为这次春日文艺之旅画上句号。

附图 4　春日露营，欢歌笑语

策划、导演、对接、主持，对于刚入行两年多的我来说是一个不小的挑战，也是一次宝贵的锻炼，在单位领导和同事的大力支持下，直播得到了大家的喜爱，我希望通过本次直播活动，带领观众更加深入地了解北京城市副中心的美丽风光和文化魅力，同时也将科技创新与传统文化相结合的理念传递给更多的人。

AI新技术如何赋能广播电视内容创作，时代出了这样一道新题，该如何答题，作为通州区融媒体中心主持人的我和正在阅读这篇文章的您一样没有拿到所谓的标准答案。我们只能通过一次又一次的实践、一次又一次的探索，去深入这个飞速发展的时代，去寻找那些隐藏于技术浪潮之中的灵感火花，将AI新技术与广播电视内容创作的传统精髓巧妙融合。在这个过程中，我深刻体会到，尽管前路未知，但每一步尝试都是向着更加精彩、更加个性化的传播未来迈进的重要步伐。

通州区融媒体中心作为连接政府与民众、传统与现代的重要桥梁，正积极探索AI在内容策划、编辑、制作乃至分发环节的全方位应用。比如，在2023年9月25日首届北京网络视听艺术大会上正式上线的通州区融媒体中心AI虚拟主播"融小超"，利用语音合成、人脸建模、唇型预测等多项人工智能技术，实现了动态换脸和文本到视频的自动播报输出，实时高效，口型精准，画质清晰。

再比如，在2024京津冀协同发展十周年暨大运河申遗成功十周年主题论坛上首发的《运河北首　活力通州》大运河申遗成功10周年AIGC宣传片，使用当下最新的人工智能技术，勾勒细腻画笔中源远流长的京杭大运河，描绘北运河通州段古今同辉的历史文化。

当然，面对AI新技术的涌入，我们也要清醒地认识到，技术始终是为内容服务的工具。保持人文关怀，坚守新闻的真实性与客观性，是不变的底线。因此，在利用AI技术的同时，我们需要更加注重培养团队的创意策划能力和批判性思维，确保技术赋能下的内容创作既有深度又有温度。

附图 5　"视听+"在 AIGC 领域的创新实践

总之，面对"AI 新技术如何赋能广播电视内容创作"这道时代新题，我和通州区融媒体中心的同仁们正以开放的心态、创新的勇气，不断实践、不断探索。我们相信，通过不懈努力，定能在技术与艺术的交汇点上，绘制出广播电视事业更加辉煌的明天。而您，作为这个时代的见证者与参与者，您的每一次阅读、每一次反馈，都是对我们最大的支持与鼓励。让我们携手共进，共创媒体融合的新篇章。

副中心主播与副中心同成长

通州融媒主持人　刘小辉

规划建设北京城市副中心，是以习近平同志为核心的党中央作出的重大决策部署。沿着习近平总书记指引的方向，北京城市副中心砥砺前行。

而我，作为一名城市副中心的主播，有幸站在时代的前沿，记录千年之城的拔地而起，刻印奋斗者的足迹，将副中心的一步步蜕变与飞跃，透过主持人的表述和呈现，展现在全国观众眼前。

副中心的"四梁八柱"渐次成型，三大文化设施盛装开放，城市绿心森林公园喧嚣热闹……每一个重大时刻，都有我们饱含深情的记录；每一个辉煌瞬间，都有我们直抵人心的报道。跟随我们的镜头，更多观众对北京城市副中心在陌生中熟悉、在熟悉中知新。

三年来，从喧闹街头到静谧乡村，从40℃高温探访大运河沿岸到冰雪中记录维护城市运行的环卫工人，切换的是一个个新闻场景，不变的是新闻人的初心。

在全媒体时代,主持人的工作性质发生了翻天覆地的变化,主持人在短视频平台上的创作特点也发生了变化,如更加关注民生事件,更加全面考虑民众反馈,同时集中提取热点事件,高度重视实效性。为更好适应新媒体平台的发展要求,主持人也应积极寻求身份转变,主动做好身份切换,塑造更加立体的形象,同时还要对各种热点热词提高关注度并合理运用,以便用更加个性化的表达方式增强作品的吸引力。

在"魅力副中心　带您来打卡"系列短视频中,为充分展示近年来北京城市副中心生态环境建设成果,主持人通过出镜、实录、同期声等多种呈现方式云瞰城市、打卡景点,以一个普通市民的角度真实记录下了北京城市副中心的建设成果。节目视频画面丰富,在声画的表现形式上,各种元素相互穿插,引人入胜。同时,主持人以第一视角拍摄了生态环境变化、市民骑行路线等大量画面,让受众有了沉浸式的感受,如亲临其境、感同身受。这充分展现了北京城市副中心从一纸规划蓝图,变成一座生机勃发、承担北京重要"一翼"功能的城市成果与风貌,引得市民游客纷纷打卡,取得了良好的传播效果。

左手是护堤坡,右手是滚滚运河水,头顶是炎炎烈日,脚下是不足一脚宽的坑洼步道……我们跟随70岁的领路老人范龙顺,已经沿运河岸步行了两公里多,而我们的目标是——大运河与长江的交汇处。

2024年7月,我参与了《探寻运河　话说瑰宝》大型主题采访活动。类似于这样的场景,是这次主题采访过程中的常态,也正是因为这些非同一般的采访经历,让我对仅凭自然的力量永远无法完成的京杭大运河,有了更深层次的了解和认知。

在扬州,中国大运河博物馆的众多藏品一度让我不知从何下手。3个常设展、6个专题展、2个临时展,1万多件(套)的展品到底要如何取舍?

当看到一组来自通州路县故城遗址中的文物时，我一下子找到了方向。

在淮安，我们登上了航行在运河上的货船，近距离地体验了运河船家的生活。已经在运河上跑了 30 年运输的吕祥其一家，向我们展示了他在船上种植的蔬菜、饲养的家禽，谈不上富足的船上人家，却满满都是运河味道。忽然，我明白了，劈波斩浪的货船，正是大运河的魂魄，也正因为有了他们，大运河才能够流淌千年。

这次短视频采编报道，和我以往经历的任何一次都不同。时间紧，任务重，8 天 4 个城市，保持好身体和心理状态，对于在镜头前工作的主持人来说特别重要。粗略计算，片中一共有将近 20 次的出镜，除了事先做好大量的文案工作，我还需要做到现场随时开拍，保证一遍过。面对一件一件文物，一段一段历史，我们团队的每一个人都充满了兴奋之情，也感受到了挑战，生生不息的运河水，仿佛给我们注入了无限的力量。

这次大型主题采访活动，我们收获了大量丰富鲜活的现场素材，不仅从第一视角记录了大运河的蝶变新生，还深入了解了古运河背后凝聚的人类智慧，更身临其境感受到了大运河悠久深厚的文化内涵。正是因为有机会贴近运河，我们才能读懂运河故事，报道才会有温度和深度。

实际上，我们难以在短短一周的时间里完全领略大运河的千姿百态，不得不忍痛做一些取舍，最终将精华浓缩在一期期 5 分钟之内的视频中，以飨读者。作为一名主持人，我珍惜每一次采访经历，感恩每一次在现场的机会，相信不畏艰险，开凿、疏浚、修缮、治理运河的精神也将激励我，用镜头记录、脚步丈量、用心观察，努力把新时代的运河故事讲得更美好、更动听。

主持人从"大屏"转战"小屏"所面临的不仅仅是渠道转换的问题，更多的是表达语态、媒介呈现形式及内容创作的更新迭代。短视频是具有极强时代感和生活性的节目类型，主持人参与的短视频和普通网络红人制作的视频不一样。主持人需要通过视频内容去解析社会现象，引导向真、向善、向上的舆论价值，通过融合新媒体、广告、商演、公益等各类活动共同挖掘并构成新媒介下传播力的新机制，拓宽短视频语言表达空间，实现从新闻人向全媒体人的转变，真正讲好中国故事。

北京城市副中心：新时代媒体融合与发展的典范

通州融媒主持人　张　斌

北京城市副中心的建设是为了调整北京空间格局、治理大城市病、拓展发展新空间，也是推动京津冀协同发展、探索人口经济密集地区优化开发模式的需要。其从提出到实施分别经历了多个重要阶段。新修编的《北京城市总体规划（2016年—2035年）》、中央政治局会议审议通过的《京津冀协同发展规划纲要》等，这些规划和部署为北京城市副中心的未来发展奠定了坚实基础。

在媒体融合方面，北京城市副中心的发展也起到了积极的推动作用。随着国家战略方针的制定和实施，北京城市副中心正在以日新月异的变化向全世界展示着中国速度和中国智慧。在此时代背景下，对身处北京城市副中心的媒体来说，融合速度和深度也在不断地提高。如何做出快速转型发展，来更好地完成新闻宣传和舆论导向的引导显得尤为重要。

首先，提高平台属性、结构优化升级是关键。媒体改革涉及组织人事、编制、薪酬、财税等部门和多方面政策，只要一个不匹配或者不到位，其他的都难落地。在这样的背景之下，通州区融媒体中心在两年的时间内对曾经的体制结构框架进行了大调整，让各个部门之间的协调流转更加顺畅，开发研究了自己的移动端APP"融汇副中心"，把电视新闻、报纸、短视频融合在一起，实现各媒体平台移动端的互联互通；将曾经的电视新闻《通州新闻》正式更名为《副中心新闻》，报纸《通州时讯》正式更名为《北京城市副中心报》，看似是一个名字的更改，但这更名的背后是融媒体中心在战略定位和发展布局上一次质的飞跃。在这个大时代的背景下和城市副中心宣传需求下，由北京广播电视台城市广播副中心之声与通州区融媒体中心共同推出的《副中心会客厅》专栏应运而生，并于2022年5月27日这个重大的日子开播。曾经的区级融媒体中心媒体影响力低、辐射面窄且在资源和平台建设上存在不少的阻碍。在北京城市副中心发展的赋能下，一跃成为副省级媒体，提升了制作标准和要求，同时拥有了更广阔的播出平台，在北京广播电视台新闻频道固定的新闻播出时段，更好地把北京城市副中心的声音传递得更远。

其次，丰富人才聘用渠道、队伍建设不断增强也是关键因素之一。当前的媒体融合进入了深水区，人才队伍的建设对于媒体改革来说是至关重要的一部分。习近平总书记在《论党的宣传思想工作》一书中明确强调，人才体制和机构改革的步子必须进一步向前迈开，在互联网信息技术方面我们也可以在这个时候先行先试，抓紧深入调研，制定一套吸引优秀人才、培育优秀人才、留住优秀人才的政策和办法。而区级融媒体的改革更是如此，不同于中央级媒体的大流量、大平台和人才队伍的专业性，区级媒体有着普遍性的弊端，无论是在人员架构管理还是人员专业性配备上都存在一些漏洞，因此各区级融媒体在改革的浪潮中显得有些举步维艰。不同于北京其他区级融媒体中心，北京城市副中心的规划落地，市级行政办公部门已迁入北京城市副中心行政办公区办公，这为媒体提供了更多的发展机遇和挑战。在未来的发展中，北京城市副中心的媒体将继续加强融合创新，提高传播效果和影响力，为全球城市发展树立一个新的模板。

来到通州　加入融媒体　见证副中心发展

通州融媒主持人　王　超

时针拨回到八年前——2016年5月27日，习近平总书记主持召开中共中央政治局会议，研究部署北京城市副中心规划建设。大手笔布局，大力推进，"千年城市"从此奏响建设序章。

时光流转，八年来，北京城市副中心坚持高起点规划、高标准建设、高质量发展，落实区委"11311"工作体系，正一步一个脚印将宏伟蓝图变为生动现实，以跨越式发展答好北京市委"二十年之问"。

2016年8月，我也从学校毕业，正式成为北京城市副中心建设的一分子。八年的职业生涯：电台、电视台、新闻主播、主持人、记者、策划、导演、编辑、摄像、新媒体、短视频……一个个不断变换的角色，恰好和通州这座千年古城朝着现代化北京城市副中心发展的步伐环环相扣，紧密衔接。

近悦远来　心向往之——我在北京城市副中心当主播

这两天碰巧刷到我们的"老朋友"董浩叔叔在网络上爆火的"给80、90后小朋友的回信——你们现在过得怎么样？"我想给董浩叔叔的回答是："很幸运，实现了小时候的梦想，成了一名主持人，在北京城市副中心这个舞台上发挥着光和热。"回望这一路的职业时光，从基层治理为老百姓解决急难愁盼的采访中，我目睹居民伸出点赞的大拇指向政府表示感谢；在脱贫攻坚战报道中，我看见通州区对口支援单位内蒙古翁牛特旗的农户因为生活条件改善，脸上洋溢着幸福笑容；在北京城市副中心的建设发展拍摄中，我体会到不断入驻副中心的年轻企业家的满腔热血和胸怀壮志；在"超帅兄弟"参与报道的体育赛事中，我感受到副中心的青春激昂和活力四射；在"畅行中国""核心腹地看协同""100小时·直击通武廊"全国主流媒体新闻在行动大型融媒传播主题采访活动中，我见证了全国媒体同行对北京城市副中心建设发展的震惊和肯定。

当然，我也成长为一个"不会策划就不是合格的导演的非专业演员"，妥妥以"I"人变"E"人。

2023年9月25日，通州区融媒体中心AI虚拟主播"融小超"正式上线。"融小超"是利用预先构建的语音合成模型得到对应所述输入文本的语音序列，利用预先构建的生物状态合成模型得到对应所述输入文本的虚拟主播图像序列，两者同步叠加后得到的虚拟主播音视频数据，具备识稿、备稿、有节奏地发声及拟人形象。我用了一天左右的时间，站立在演播室，提前录制了1000个左右的短语、句子，用于后期合成。录制的这个AI虚拟主播"融小超"可以通过语音识别和模拟技术制作仿真个性化虚拟主播，对不同场景和不同内容的要求，提供不同的虚拟声音，实现可以媲美真人的语音合成效果。随之而来的，是它的方便、快捷、高频次使用。无论是在通州区两会还是广播媒体产业大会，抑或"北京通州发布"短视频平台的二十四节气介绍，都可以看到我的"孪生兄弟"融小超的身影。这让我意识到，AI时代的到来，一定程度上"便捷"了主持人的工作。要做到不被取代，还需要从自身、内在、综合素质多方面下功夫。

2024年7月，作为京杭大运河申遗成功十周年的献礼片，通州区融媒体中心的首部系列微短剧《寻找大运河之离线48小时》正式上线，故事主要讲述的是主角AI虚拟主播"融小超"穿越到现实世界，只有寻找到5条关于大运河的线索，才能回到虚拟世界。5条线索涉及大运河的烟火气、大运河的美食美味、大运河的非遗文化、"融小超"感受到的现实世界的感情等内容，摄制组先后来到菜市场、夜市、文创店、美食店等点位进行拍摄。现实的市民就是群众演员、没有提前沟通的拍摄、需要准确拿捏主人公"融小超"的情感和表情……对于没有表演经验的我来说无疑是全新的挑战，也让我意识到，主持人不再是以前坐在主播台上的单一输出性角色，而是随着时代的变化、科技的发展、媒体的融合，必须成为会播、会采、会写、会演、会策划、会导演、会摄像的更加全能的角色，不再局限于"采编播一体"，而是趋于更广泛的职业领域，所以仅仅停留在固有的"舒适圈"，会对个人和职业的发展产生很大影响。

2023年是全面贯彻党的二十大精神的开局之年，也是习近平总书记作出"加快传统媒体和新兴媒体融合发展"重要指示十周年。2023年3月5日，"扎实推进媒体深度融合"首次写入政府工作报告。在媒体融合的大背景下，以及小屏端、短视频的快速出圈，也促使了媒体从业者要不断进步和快速发展。个人认为，只有不断学习新知识、持续拓展新领域、加强综合业务能力整合，才能永远保持创新。也让我们共同努力，续写属于我们这个时代的精彩篇章。

跋

深夜，终于开始写到这本书的跋。这一年，是我从业以来最繁忙的一年。由于工作安排，有半年时间我都在外单位借调。白天要面对并不熟悉的工作，晚上争分夺秒，利用一切碎片化的时间写作，记录下我喜爱的专业和工作，和主持人团队、中心同事一起为了热爱所打拼的岁月。有时写到兴头上，一看表已经凌晨两三点了。第二天一大早起床，再去面对那些不熟悉的工作。

年轻时，总梦想自己能是金庸武侠小说里的小龙女，冰雪聪明、武功盖世、叱咤风云。长大以后，一路磕磕碰碰，每次被现实困难摔打得鼻青脸肿的时候，就开始顿悟，资质平平的我，当个傻姑可能都需要排队。那怎么办呢？不懂的、不会干的，硬学，然后硬干。总有一天会懂、会干。以前领导同事眼里业务还算过关的我，一切都要从零开始。一瞬间，我好像又回到了以前离家求学时那个倔强的自己。

从高中毕业后，到外地上大学开始算，离开家乡到今年整整二十年了。一个人的人生又有几个二十年呢？二十年间，我妈从开始每天给我打很多个电话，到我在外一遇到挫折困难就让我收拾东西回老家，到后来看到我铁了心再苦再难也要为了最初心里那小小的梦想坚持下去无奈的叹息和无边的牵挂，再到现在不厌其烦地在我的每条微信朋友圈里留言："在外不容易，保重身体。"慈母手中线，黑发成银丝。这绵长的惦念还在继续。

而我其实很想告诉她，这二十年里，追逐梦想、探索专业、打拼职场的过程中，虽然遇到很多挫折，虽然到现在也还算不上世俗眼里的成功，但一路走来，我遇到很多好人。他们是我前行路上，藏在心里的一盏盏明灯，在很多个灵魂暗夜时，照亮、温暖我，所以，放心吧。

我大学本科小课组的罗玲老师，为我奠定了播音主持专业扎实的基本功，开启了我的梦想之路；罗玲老师的爱人、中央广播电视总台著名播音员杨波老师，在我求学求职的道路上，一直关心帮助并鼓励着我，让我得以不断成长；我的硕士研究生导师——中国传媒大学播音主持艺术学院的翁佳教授在每一次的教学过程中，对我严格的要求，在我无数个迷茫困顿时刻，指引我用更平和、智慧的心态，走向更广阔的远方；从我们的主持人团队开始探索新媒体短视频拍摄之初，北京广播电视台的王毅老师每一次对主持人们节目的精心分析和耐心点评，让我回头再看自己两年前的新闻及短视频作品，都惊讶于按照他的建议改进后，自己业务的进步；更要特别感谢通州区融媒体中心党组书记、主任卫欣，党组副书记王雪征，副主任王小利、于亚辉、王娟以及王志刚主任、焦善鸣主任等历任领导对我在工作上的帮助、提点和指导，他们见证我的成长，让我成为现在的自己。感谢中心对本书出版工作的支持，才让这本我在城市副中心工作十三年间的珍贵记录得以和大家见面；求学时，教我探索求学之道，解答人生难题的母校老师们，在我毕业多年后，仍然牵挂着我的成长，每个佳节时分的互道问候、谆谆嘱托让我离开校园多年后依然心有可依，情有归处；当年中央人民广播电台"中国之声"午间部的各位老师们、中国娱乐访谈类代表性节目《超级访问》节目组的各位老师们，在很多个实习工作交集中的无私帮助，都让那时青涩又对未来充满无限憧憬的我，更加坚定地去追求心中所爱，一往无前。

从一名播音员、主持人、记者、编辑到一位管理中心播音员主持人队伍、深度思考全媒型人才媒体融合发展路径的部门负责人，从只要做好自己的业务工作就能获得鲜花和掌声的一线工作人员到现在大型活动的策划者、重要项目的牵头人，要在考虑部门发展的同时，兼顾公平、秉持公心，关注每一位部门同事的成长和进步，有了更多四处沟通的机会，遇到形形色色的人和万千面孔，有时做得风生水起，但也有做得不熟练、有瑕疵、有纰漏的时候，要感谢那些工作中，当我遇到困难、焦虑无助时，帮助、提点甚至默默为我解决很多难题的同行、同事、前辈、领导。他们心怀善意，亦师亦友，是繁忙工作中使我坚持下去的动力源。

当我转换职业角色，不只是一名主持人，还是一名部门负责人以后，在懂得一线业务人员的苦和累的同时，我开始体谅上级们的忙和难。之所以能够换位思考，是因为设身处地吧。所以，一步步走来，那个曾经在你眼里的"傻姑"，也稍稍成熟了些，对吗？

如同十三年前，我只身来到通州的时候，不会想到，自己能变成现在的自己一样，十三年间通州的变迁，城市副中心的发展，也让我感到震撼。我们见证了彼此的成长。

感谢通州融媒，在这么美好的城市副中心里，给了我一个家。

感谢父母家人，无论身处何处，一如既往的支持和爱。

最要感谢，这个时代。

2024年，我的母校中国传媒大学建校70周年。习近平总书记在给中国传媒大学全体师生回信中说：聚焦新闻舆论工作需要，突出办学特色，深化改革创新，努力培养更多高素质新闻传播人才。

生逢其时当奋斗其时。我将用手中纸笔和话筒，继续记录城市副中心的美丽故事和这个美好的时代。

当运河畔的清风拂过，吹动燃灯塔的塔铃摇曳，唤醒运河商务区的霓虹闪烁，这座古今同辉的千年之城，逐渐焕发出新时代的蓬勃之姿。近悦远来，心向往之。我们每个身处其中的人，都将有无限可能。

2024年10月6日凌晨1点58分

图书在版编目（CIP）数据

近悦远来　心向往之：我在北京城市副中心当主播 / 石靖楠著. --北京：中国国际广播出版社，2024.12.
ISBN 978-7-5078-5705-4
Ⅰ. G219.271
中国国家版本馆CIP数据核字第2024KU8883号

近悦远来　心向往之：我在北京城市副中心当主播

著　者	石靖楠
策划编辑	杜春梅
责任编辑	张　玥
校　对	张　娜
版式设计	陈学兰
封面设计	李修权　赵冰波

出版发行	中国国际广播出版社有限公司 [010-89508207（传真）]
社　址	北京市丰台区榴乡路88号石榴中心1号楼2001
	邮编：100079
印　刷	北京汇瑞嘉合文化发展有限公司
开　本	710×1000　1/16
字　数	230千字
印　张	16.25
版　次	2025年4月　北京第一版
印　次	2025年4月　第一次印刷
定　价	70.00元

版权所有　盗版必究